Richard Barrett

Alles, was ich über Werte gelernt habe

Widmung

Dieses Buch ist allen Menschen gewidmet,
die ein werteorientiertes Leben führen wollen.

Richard Barrett

Alles, was ich über Werte gelernt habe

Impressum:

Barrett, Richard
Alles, was ich über Werte gelernt habe

Übersetzung aus dem Englischen: Mike Kauschke
Koordination: Dr. Andrea Maria Bokler
Lektorat: Birgit Mallow
Umschlaggestaltung: Heike Heeg, Hintergrundbild pixabay

1. Auflage 2019

in der Mediengruppe Westarp
Kirchstr. 5 - 39326 Hohenwarsleben
www.westarp.de, www.westarp-bs.de, www.book-on-demand.de
produkthaftung@westarp.de

ISBN: 978-3-96004-029-3

Printed in Germany.

Inhalt

Vorwort

Im November 2016, Stockholm, beim Abendessen mit Richard Barrett – den viele für den weltweit führenden Experten für die Werte des Menschen halten – in einem ruhigen Restaurant nach einem seiner Seminare:

„Was hast du mitgenommen?", fragt Richard mit seinem charakteristischen neugierigen Lächeln. „Vor allem Eines hat mich erstaunt", antwortete ich. „Wenn Werte das grundlegende Betriebssystem des Menschen sind, oder wie du es formulierst, *die energetischen Antriebskräfte unserer Hoffnungen und Absichten*, dann hast du *den Quellcode* der menschlichen Motivation entdeckt."

Richard nickt begeistert und mit einem fragenden Blick wendet er sich an mich: „Was soll ich mit all diesen Informationen und diesem ganzen Wissen tun? Ich möchte, dass jeder von meinen Entdeckungen über die Grundprinzipien des menschlichen Wohlergehens profitiert." „Deine Herausforderung", so antwortete ich, „unterscheidet sich nicht von der jedes anderen Vordenkers, der Jahrzehnte damit verbracht hat, ein bestimmtes Thema zu erforschen. Du weißt einfach zu viel! Du musst dich fragen, wie du dieses Wissen verpacken kannst."

„Ich weiß, ich weiß", bemerkte Richard, „was wäre dein Rat?"

„Ich suche immer Inspiration bei einem Zitat von T. S. Elliott", antwortete ich, „*Wir sollen nie mit dem Forschen authören, und am Ende allen Forschens werden wir wieder dort ankommen, wo wir begonnen haben und werden diesen Ort zum ersten Mal wirklich erkennen.*"

„Mit anderen Worten,", so fügte ich hinzu, „wirf doch einen neuen Blick auf den Ausgangspunkt deiner Arbeit, so als wäre es das erste Mal und schreib ein einführendes Buch über alles, was du über die Rolle der Werte im Leben von Individuen, von Organisationen und in der Gesellschaft gelernt hast. Konzentriere dich auf die wichtigsten Erkenntnisse. Es sollte ein Buch sein, das die Leute in ein paar Stunden lesen können. Danach können sie sich deinen anderen Büchern zuwenden, um mehr zu erfahren."

„Das ist es!", rief Richard vergnügt. „Daran habe ich noch nicht gedacht. Das ist die Lösung.) Nach einem langen und nachdenklichen Moment fragte er mich: „Wirst du das Vorwort schreiben?"

„Mit Vergnügen!), antwortete ich. „Ich bin fest davon überzeugt, dass die Menschen davon profitieren werden, eine Einführung in deine wirkungsvollen Einsichten und speziell in das Modell der Sieben Psychologischen Entwicklungsstufen zu erhalten. Für mich war es sehr erhellend. Es hat mir geholfen, die Menschen ganz neu zu verstehen.)

***

Im Juli 2017 lese ich das fertige Manuskript von *Alles, was ich über Werte gelernt habe*. Ich glaube, es ist eine unverzichtbare Einführung in Richard Barretts lebenslange Erforschung der menschlichen Werte. Es unterstützt Sie nicht nur dabei, sich bewusst zu werden, welche wichtige Rolle Werte in Ihrem Leben spielen, Sie können auch jede Stufe Ihres Lebensweges besser verstehen. Dadurch entfaltet dieses Buch auf persönlicher Ebene eine tiefe transformative Kraft.

Genauso tief reichen Richards Einsichten zur Organisationsentwicklung. Immer wieder erinnert er mich an diesen Grundsatz: „Organisationen verändern sich nicht. Das tun nur Menschen." Mit anderen Worten, die Transformation einer Organisation beginnt mit der persönlichen Transformation der Führungskräfte. Mit dem Barrett Values Centre hat er das nicht Greifbare greifbar gemacht. Er hat Wege geschaffen, um zu messen was wirklich wichtig ist, um erfolgreiche, nachhaltige und leistungsstarke Organisationen aufzubauen.

In den letzten Jahren hat Richard seinen Wissensschatz über persönliche und organisationale Transformation auch in ein neues Gebiet übertragen: den Bereich der Gemeinschaft und der gesellschaftlichen Transformation. Er hat sein Modell und sein Wissen über Werte genutzt, um einen globalen Bewusstseinsindikator für Nationen zu entwickeln. Als ich ihn fragte, warum solch ein Indikator wichtig sei, antwortete er: „Was man messen kann, kann man auch gestalten. Durch den globalen Bewusstseinsindikator können wir uns der Evolution des menschlichen Bewusstseins bewusst werden."

Liebe Leserin, lieber Leser, ich habe dieses Vorwort geschrieben, weil ich davon überzeugt bin, dass uns Richards Arbeit eine Landkarte für die menschliche Evolution gibt – eine Möglichkeit, um für alle eine bessere Welt zu gestalten.

Björn Larsson, CEO, the ForeSight Group
Ko-Autor von *The Rise of The Meaningful Economy*

Vorbemerkung

Dieses Buch fasst meine Reise zum Verständnis der Bedeutung von Werten für menschliche Entscheidungen zusammen. Dieser Weg begann um das Jahr 1990, als ich bemerkte, wie sehr mich meine Karriere als Transportingenieur langweilte. Ich war damals 45 Jahre alt und hatte nie zuvor in meinem Leben Langeweile verspürt; dies war also eine neue Erfahrung für mich. Zu diesem Zeitpunkt war ich auf dem Gipfel der Karriere in meinem Arbeitsgebiet angekommen: Ich war hauptberuflich bei der Weltbank beschäftigt und beriet die Regierungen bei der Verbesserung ihrer städtischen Verkehrssysteme. So lebte ich in einer Welt der Ökonomen, Planer und Ingenieure. Es war meine Verantwortung, sicherzustellen, dass die Projekte, die von den Regierungen vorgeschlagen wurden, „banktauglich" waren – dass sie allen Kriterien entsprachen, die für eine Finanzierung durch die Weltbank nötig waren.

Als meine Langeweile zur Depression wurde, wusste ich, dass ich etwas verändern musste: Aber was? Bei der Reflexion über mein Leben erkannte ich, dass meine wahre Leidenschaft der „Transformation" galt und nicht dem „Transport". Jahrzehntelang hatte ich in meiner Freizeit jedes Buch über Psychologie, Spiritualität, esoterische Philosophie, östliche Mystik und Buddhismus verschlungen, das ich finden konnte. Mich faszinierten diese Themen der Transformation und des Bewusstseins. Als ich über mein Dilemma meditierte, erhielt ich die Inspiration, ein Buch zu schreiben. Sofort fiel mir der Titel ein: *A Guide to Liberating Your Soul* – Ein Leitfaden zur Befreiung deiner Seele.[1]

Nach zwei Jahren war ich beim Schreiben des Buches schon weit fortgeschritten und gab Workshops zum Thema „Befreie deine Seele". Immer noch arbeitete ich bei der Weltbank, aber ich hatte 1992 einen neuen Job angenommen und war der Assistent des Vizepräsidenten für ökologisch-nachhaltige Entwicklung. Etwa zur selben Zeit gründete ich die „World Bank Spiritual Unfoldment Society" – eine Gruppe, die sich mittwochs zur Mittagszeit traf und über Spiritualität, Bewusstsein und esoterische Philosophie sprach. Als ich 1994 das Buch *A Guide to Liberating Your Soul* fertigstellte, erhielt ich die Inspiration für den Titel

---

1 Richard Barrett, *A Guide to Liberating Your Soul*. Alexandria: Fulfilling Books, 1995. Dieses Buch ist vergriffen und wurde durch *What My Soul Told Me: A Practical Guide to Soul Activation*. Bath: Fulfilling Books, 2012 ersetzt.

meines nächsten Buches: *Liberating the Corporate Soul*. Sofort begann ich daran zu arbeiten.

In meinem ersten Buch entwickelte ich ein Modell des Bewusstseins auf der Basis der vedischen Philosophie. In meinem zweiten Buch verschmolz ich dieses Modell mit der Bedürfnishierarchie von Abraham Maslow und formulierte das Modell, das ich als die „Sieben Bewusstseinsebenen" bezeichnete.

Als ich an *Liberating the Corporate Soul* arbeitete, erkannte ich, dass jede der Sieben Bewusstseinsebenen durch bestimmte Werte definiert werden konnte. Werte wie Gesundheit, Wohlstand und finanzielle Sicherheit sind beispielsweise mit der Ebene des Überlebens verbunden, während Freundschaft, Loyalität und Fürsorglichkeit mit der Ebene der Beziehungen einhergehen. Das bedeutete, wenn ich die Werte eines Menschen kannte, dann konnte ich bestimmen, aus welchen Bewusstseinsebenen jemand lebte – und andersherum: Wenn ich wusste, aus welchen Bewusstseinsebenen ein Mensch lebte, dann wusste ich, welche Werte für ihn wichtig waren. Mein nächster Schritt bestand darin, diese Idee auf Organisationen auszuweiten: Wenn ich feststellen könnte, welche Werte in einer Organisation wirksam sind, dann würde ich wissen, aus welchen Bewusstseinsebenen die Organisation agierte. Die Assessment-Methoden, die ich für diese Arbeit entwickelte, um die Bewusstseinsebenen abzubilden, bezeichnete ich als Cultural Transformation Tools.

Zur gleichen Zeit, als ich an *Liberating the Corporate Soul* arbeitete, stimmte mein Vorgesetzter zu, mich in die Abteilung für Organisationsentwicklung bei der Weltbank zu versetzen, um ein Projekt über Werte zu leiten. In den folgenden zwei Jahren lebte und atmete ich das Thema Werte: bei der Weltbank mit dem Projekt über Werte und zuhause beim Schreiben von *Liberating the Corporate Soul*. Zu diesem Zeitpunkt war ich fest davon überzeugt, wie wichtig Werte für die Entscheidungsfindung sind, sowohl in unserem Privat- als auch in unserem Geschäftsleben.

Als meine vorübergehende Entsendung in die Abteilung für Organisationsentwicklung Mitte 1997 zu Ende ging, wurde *Liberating the Corporate Soul* bei Butterworth-Heinemann veröffentlicht.[2] Dieses

---

2 Richard Barrett, *Liberating the Corporate Soul: Building a Visionary Organization*. London: Butterworth-Heinemann, 1998.

Buch eröffnete mir zusammen mit den Cultural Transformation Tools den Weg aus der Weltbank heraus in ein neues Aufgabenfeld. Im Juni 1997 – zum Zeitpunkt, an dem ich dieses Vorworts schreibe, sind es genau 20 Jahre her – verließ ich die Weltbank und gründete ein Unternehmen, das später als Barrett Values Centre (BVC)[3] bekannt wurde.

Diesen Schritt habe ich nie bereut. Das Faszinierendste für mich ist, dass das Modell der Sieben Bewusstseinsebenen, das ich mit Bezug auf die vedische Philosophie und die Arbeit von Abraham Maslow entwickelte, mir immer mehr Wissen über das Bewusstsein und unsere Werte erschloss. Was ich dabei gelernt habe, ist der Inhalt dieses Buches.

Darüber hinaus kann ich sagen, dass ich immer neue Inspirationen darüber erhielt, welche Bücher ich schreiben sollte. Eine Liste der Bücher und das jeweilige Erscheinungsdatum finden Sie am Ende dieses Buches. Viele dieser Bücher sind in mehreren Sprachen erschienen. Weitere Informationen finden Sie auf meiner Webseite[4].

---

3 www.valuescentre.com

4 https://www.barrettacademy.com bzw. https://www.aahv.global/index.html

1 Einführung

ICH HALTE ES FÜR ÄUSSERST wichtig, am Anfang eines Buches, insbesondere eines Buches über Werte, die im Buch verwendete Terminologie zu definieren. Zu diesem Zweck möchte ich zunächst auf die folgenden Fragen eingehen:

- Was sind Werte?
- Wer sind wir als Gemeinschaft?
- Was ist wertebasierte Entscheidungsfindung?
- Gibt es verschiedene Typen von Werten?
- Was ist der Sinn positiver Ego-Werte?
- Was sind Tugenden?
- Was sind moralische Werte?
- Was ist Ethik?
- Was bedeutet es, bewusst zu leben?
- Was ist ein Gewissen?
- Worin besteht der Zusammenhang zwischen wertebasierter Entscheidungsfindung und Integrität?

Was sind Werte?

Früher habe ich Werte so bezeichnet: *eine stichwortartige Definition dessen, was uns wichtig ist.* Deshalb können beispielsweise Begriffe wie (Integrität), (Vertrauen), (Ehrlichkeit) und (Kreativität) als Werte bezeichnet werden. Das Oxford Dicitonary verfolgt für den englischen Begriff *values* einen ähnlichen Ansatz, darin werden Werte so definiert: „das eigene Urteil darüber, was im Leben wichtig ist."

Durch meine 25 Jahre währende Arbeit und Forschungen im Zusammenhang mit Werten erkannte ich, dass Werte weitaus mehr sind als „das, was wichtig ist"; sie sind die energetischen Treiber unserer Bestrebungen und Absichten. Sie sind die Quelle aller menschlichen Motivation und Entscheidungen.

Wenn Sie die Energie hinter Ihren Werten spüren wollen, dann tun Sie das Folgende: Laden Sie Ihren Partner oder eine Freundin ein, drei Werte auszuwählen, die für ihn oder sie wichtig sind. Wählen Sie dann drei Werte aus, die Ihnen wichtig sind. Sprechen Sie miteinander über Ihre jeweiligen Werte, erklären Sie dabei, warum jeder dieser Werte Ihrer Meinung nach wichtig ist. Während dieser Übung werden Sie bemerken, wie sich die Energie des Gespräches intensiviert, und wenn Sie fertig sind, werden Sie ein Gefühl der Nähe zu diesem Menschen spüren, mit dem Sie gesprochen haben. Sie werden auch bemerken, dass sie einige Werte mit diesem Menschen teilen.

Der Grund dafür, dass Ihre Energie ansteigt, liegt darin, dass Ihre wichtigsten Werte auf das verweisen, was Sie auf tiefster Ebene Ihres Wesens sind. Wenn Sie über Ihre Werte sprechen, dann öffnen Sie Ihre Seele den Menschen, die zuhören. Deshalb ist das Gespräch mit einem anderen Menschen über die wechselseitigen Werte eines der intimsten Gespräche, die man führen kann.

Wenn Sie die Beziehung mit jemandem verbessern wollen – Ihrem Ehepartner, Ihren Kindern, Ihrem Business-Partner, Ihren Mitarbeitern – dann sollten Sie ein Gespräch über Werte führen. Eine der besten Möglichkeiten, um ein solches Gespräch zu beginnen, ist das Ausfüllen eines Persönlichen Werte-Assessments. Sie finden einen Fragebogen dafür unter https://changemanagement.biz/pva. Einige Minuten nach dem Ausfüllen des Fragebogens erhalten Sie einen Bericht, der Ihre zehn wichtigsten Werte nach Bewusstseinsebenen geordnet auflistet. Sie können diese Ergebnisse wechselseitig mit Ihrer Gesprächspartnerin teilen.

Die meisten Menschen sind sich ihrer Werte nicht bewusst. Der Grund dafür ist, dass sie nie darüber nachgedacht haben, was für sie wichtig ist. Wenn Sie sich die Zeit nehmen, ein Persönliches Werte-Assessment durchzuführen, können Sie erkennen, wer Sie sind und was Sie motiviert.

Wer sind wir als Gemeinschaft?

Zum Zeitpunkt, an dem ich dieses Buch schreibe, hatten über 500.000 Menschen ein Persönliches Werte-Assessment durchgeführt. Die zehn wichtigsten Werte dieser Menschen werden in Abbildung 1.1 dargestellt, zusammen mit der Anzahl der Menschen, die jeden dieser Werte gewählt haben. Aufgrund der großen Menge von Menschen, die diesen Fragebogen ausgefüllt haben, neige ich dazu, diese Werte als die Werte der Menschheit zu betrachten.

Die Abbildung 1.1 ist eine visuelle Darstellung des Modells der Sieben Bewusstseinsebenen. Jeder graue Punkt zeigt einen der Werte, die neben dem Diagramm aufgelistet sind. Die Bewusstseinsebene ist in

Klammern gesetzt; die Werte Familie, Fürsorglichkeit, Respekt und Freundschaft befinden sich auf der Ebene 2, der Ebene der Beziehungen. Es ist interessant festzustellen, dass diese Werte eine höhere Priorität haben (sie haben mehr Stimmen mit Ausnahme von Humor/Spaß), als die Werte der Ebenen 4 und 5. Der Wert der Ebene 2 mit den meisten Stimmen ist Familie. Wenn Sie das Persönliche Werte-Assessment durchgeführt haben, kann es interessant sein, Ihre Ergebnisse mit den zehn wichtigsten durchschnittlichen Werten dieser 500.000 Menschen zu vergleichen.

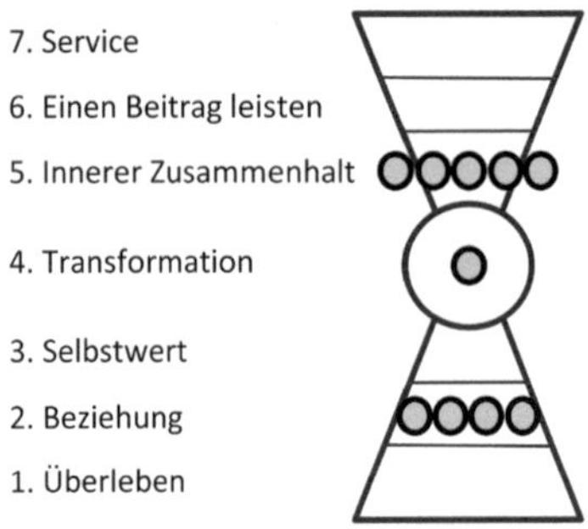

1. Familie (2)	199.671
2. Humor/Spaß (5)	164.720
3. Fürsorglichkeit (2)	152.588
4. Respekt (2)	149.577
5. Freundschaft (2)	139.698
6. Vertrauen (5)	135.780
7. Einsatzbereitschaft/Engagement (5)	134.181
8. Begeisterung (5)	134.082
9. Kreativität (5)	131.019
10. Kontinuierliches Lernen (4)	130.125

Abb. 1.1: Die wichtigsten zehn Werte von 500.000 Menschen.

Nachdem wir die Daten dieser 500.000 Menschen erfasst hatten, gaben wir die zehn wichtigsten Werte in das Persönliche Werte-Assessment ein, so als stammten sie von einem einzigen Menschen, und erhielten dieses Ergebnis:

Aus den Werten, die Sie gewählt haben, wird ersichtlich, dass Sie ein Mensch sind, dem der Sinn wichtig ist. Sie haben hohe moralische Standards, die stark beeinflussen, wie Sie andere behandeln und wie Sie möchten, dass andere mit Ihnen umgehen.

Ihre Werte zeigen:

- *Bedeutsame, enge Beziehungen mit anderen sind wichtig in Ihrem Leben und zentral für die Entscheidungen, die Sie treffen.*
- *Ein Leben mit einer begeisterten und positiven, freudvollen Haltung ist Ihnen wichtig.*
- *Beziehungen sind Ihnen in Ihrem Leben ganz besonders wichtig. Sie kümmern sich und beachten die Menschen in Ihrer Umgebung.*
- *Sie zeigen Engagement bei allem, was Sie tun.*

- *Sie suchen nach neuen Möglichkeiten um zu wachsen und sich zu entwickeln, durch die Sie sich ständig selbst herausfordern.*
- *Sie können schöpferisch denken und Ihre Fähigkeiten nutzen, um neue Ideen zu entwickeln.*
- *Vertrauen zu schaffen und bei anderen das Gefühl zu wecken, dass sie sich auf Sie verlassen können, sind Kernelemente Ihres Verhaltens.*

Die Art der Werte, die Sie ausgewählt haben, deutet darauf hin, dass die Verbindungen, die Sie mit anderen aufbauen, und Ihre eigenen Fähigkeiten für Sie gleichermaßen wichtig sind.

Meiner Ansicht nach erzählt uns dieses Werteprofil eine interessante Geschichte über die Menschheit im Allgemeinen. Unter den wichtigsten Werten sind fünf, bei denen es darum geht, wie wir mit den Menschen in unserem Leben umgehen – Familie, Fürsorglichkeit, Respekt, Freundschaft und Vertrauen. Das deutet darauf hin, dass für die meisten Menschen die zwischenmenschliche Geborgenheit eine grundlegende Priorität ist. Historisch betrachtet war die persönliche Geborgenheit immer mit Zugehörigkeit und Identität verbunden.

Weitere fünf der Top-Werte beziehen sich darauf, wie wir mit uns selbst (wer wir sind) umgehen – Humor/Spaß, Begeisterung, Einsatzbereitschaft/Engagement, Kreativität und kontinuierliches Lernen. Daraus wird ersichtlich, dass auch der Selbstausdruck ein wichtiges Anliegen ist. Die Ergebnisse deuten jedoch darauf hin, dass zwischenmenschliche Geborgenheit eine größere Priorität hat als der Selbstausdruck. Nur wenn wir uns geborgen fühlen, sind wir innerlich frei, unser Wesen zum Ausdruck zu bringen.

Diese Ergebnisse legen nahe, dass Maslows Theorie richtig ist. Wir geben der Geborgenheit – einem Mangelbedürfnis – eine höhere Priorität als der Selbstverwirklichung – einem Wachstumsbedürfnis. Darüber hinaus ist die Fähigkeit, sich durch kontinuierliches Lernen zu entwickeln und zu wachsen, sehr wichtig für uns.

Aufgrund dieser Daten komme ich zu dem Schluss, dass wir dann wachsen und uns entwickeln können, wenn wir uns geborgen fühlen. Wenn wir uns geborgen fühlen, wird Selbstverwirklichung zu unserer höchsten Priorität. Wenn wir für alle Menschen eine positive Zukunft gestalten wollen, dann müssen wir Bedingungen schaffen, unter denen die Menschen – und insbesondere unsere Kinder – sich geborgen fühlen und wir jeden in seiner Selbstverwirklichung unterstützen können. Das Gefühl der Geborgenheit ist eng mit Zugehörigkeit verbunden und Zugehörigkeit ist stark mit der Identität verknüpft.

Was ist wertebasierte Entscheidungsfindung?

Es gibt zwei Grundformen der Entscheidungsfindung: auf Überzeugungen basierende Entscheidungsfindung und auf Werten basierende Entscheidungsfindung. Wir treffen entweder Entscheidungen, die mit unseren Überzeugungen übereinstimmen, oder solche, die mit unseren Werten einhergehen. Wir beginnen unser Leben mit unseren Überzeugungen, um Entscheidungen zu treffen, wenn wir älter werden, gehen wir dazu über, unsere Werte für Entscheidungen zu nutzen.

Überzeugungen sind Annahmen, die wir für richtig halten. Sie mögen wahr sein oder nicht, aber wir halten sie für wahr.

Die meisten Überzeugungen, die wir für unsere Entscheidungsfindung nutzen, bilden sich aus unserer Lebenserfahrung – insbesondere aus den Erfahrungen in den ersten 24 Jahren unseres Lebens – und aus dem, was uns unsere Eltern und Lehrer sagen. Die wichtigsten Überzeugungen, die wir in dieser Zeit lernen, drehen sich darum, wie wir unser Überleben sichern können, wie wir uns sicher fühlen können und wie wir uns in der sozialen Umgebung und dem kulturellen Kontext unserer Existenz geborgen fühlen können. Dies sind die Überzeugungen, die wir gelernt haben, während unser Gehirn gewachsen ist und sich entwickelt hat – als wir jung und beeinflussbar waren.Der Wandel von der auf Überzeugungen basierenden Entscheidungsfindung zur wertebasierten Entscheidungsfindung ereignet sich, wenn wir die Entwicklungsstufe der Individuation erreicht haben. Wir konnten die Bedürfnisse des Überlebens, der Sicherheit und Geborgenheit erfüllen (die Abraham Maslow als Mangelbedürfnisse bezeichnete) und finden die Freiheit, zu erforschen, wer wir jenseits der Programmierung durch unsere Eltern und der Konditionierung durch unsere Kultur sind.

Vor dem 20. Jahrhundert erreichten nur wenige Menschen diese Stufe der Individuation: Sie verbrachten ihr Leben am gleichen Ort, sie reisten nicht sehr weit und erhielten keine höhere Bildung. Sie hatten nie die Gelegenheit, andere Kulturen oder Sichtweisen zu erforschen. Die einzigen Menschen, für die Individuation in früheren Zeiten möglich war, kamen aus dem Adel und den gebildeten Eliten.

Auch heute haben die meisten Menschen nicht die Möglichkeit zur Individuation, entweder weil sie in Armut leben – und völlig damit beschäftigt sind, ihre Mangelbedürfnisse zu befriedigen – oder weil sie in unterdrückenden Regimen oder Kulturen leben, die freies Denken und Selbstausdruck nicht tolerieren. In solchen Regimen und Kulturen besteht die einzige Möglichkeit, zu überleben sowie sich sicher und geborgen zu fühlen, darin, sich anzupassen und den Überzeugungen der Gemeinschaft oder Nation zu folgen.

Mit der Entstehung demokratischer Regierungen im 20. Jahrhundert (mit freier Bildung, besserem Gesundheitswesen, Reisefreiheit und der Möglichkeit von Wohlstand) konnten immer mehr Menschen ihre Bedürfnisse von Überleben, Geborgenheit und Sicherheit befriedigen und dementsprechend die Entwicklungsstufe der Individuation erreichen – wenn sie es denn wollten. Der sich daraus ergebende Bewusstseinswandel, der zum Aufstieg der Selbsthilfebewegung der 1960er Jahre führte, trug entscheidend dazu bei, dass 1991 der Eiserne Vorhang fiel und war auch eine der Wurzeln des Arabischen Frühlings im Nahen Osten und in Nordafrika im Jahre 2010.

In all diesen Fällen führte ein höheres Maß von Bildung und Wohlstand dazu, dass sich eine signifikante Anzahl der jungen Menschen in ihren Zwanzigern und Dreißigern ihre Mangelbedürfnisse erfüllen konnten, wodurch sich die Möglichkeit eröffnete, sich in die Entwicklungsstufe der Individuation zu bewegen. Sie suchten nach Freiheit und Autonomie: Die Freiheit, zu erforschen wer sie jenseits ihrer kulturellen Konditionierung sind – nicht nur die Freiheit, sie selbst zu sein, sondern auch die Freiheit, zu entdecken, wer sie sind.

Immer wenn Menschen eine Ebene von Wohlstand erreichen, die es ihnen erlaubt, ihre Mangelbedürfnisse zu befriedigen, suchen sie automatisch nach mehr Freiheit und Autonomie in ihrem Leben. Sie wollen in demokratischen Gesellschaften leben, die die Werte der Gleichheit, Ergebnisverantwortung, Fairness, Offenheit, Transparenz und des Vertrauens gewährleisten.

Gibt es verschiedene Arten von Werten?

Es gibt zwei grundlegende Arten von Werten – positive und potenziell limitierende Werte. Zu den positiven Werten gehören beispielsweise Offenheit, Freundschaft und Ehrlichkeit. Potenziell limitierende Werte sind zum Beispiel Vorwürfe machen, Vorsicht oder Manipulation. Ich bezeichne auch diese negativen Begriffe als Werte, denn wenn sie nicht für einen Aspekt unserer Psyche nützlich wären, würden wir nicht zulassen, dass sie unser Verhalten beeinflussen.

Der Hauptunterschied zwischen positiven und potenziell limitierenden Werten liegt darin, dass die positiven Werte aus einer Haltung der Fürsorge für sich selbst und andere kommen. Potenziell limitierende Werte kommen hingegen aus den Ängsten des Egos, die Bedürfnisse nach Überleben, Sicherheit und Geborgenheit nicht befriedigen zu können. Mit anderen Worten, potenziell limitierende Werte sind selbstbezüglich. Sie machen meine Bedürfnisse zu einer Priorität vor deinen Bedürfnissen.

Ich bezeichne sie als potenziell limitierend, weil sie in einigen Situationen limitierender sein können als in anderen: Es hängt vom Grad der Angst hinter dem Wert oder der Situation ab, in der dieser Wert zum Ausdruck kommt. In Organisationen ist Bürokratie beispielsweise solch ein potenziell limitierender Wert. Ein hohes Maß an Bürokratie kann kontraproduktiv dafür sein, die Leistung einer Organisation zu verbessern. Wenig Bürokratie hingegen kann Ordnung und Effizienz in eine chaotische Organisation bringen und dadurch die Leistung verbessern. Deshalb halte ich Bürokratie für einen *potenziell* limitierenden Wert. Einige Werte, wie beispielsweise „Vorwürfe machen", sind fast immer begrenzend. Sie helfen uns, Bestrafung zu vermeiden.

Potenziell limitierende Werte dienen meist unseren kurzfristigen Bedürfnissen. Aber langfristig gesehen sind potenziell limitierende Werte immer kontraproduktiv. Warum? Weil potenziell limitierende Werte polarisieren: Sie schaffen Trennung, indem sie Menschen gegeneinander ausspielen. Es ist zum Beispiel unwahrscheinlich, dass die Menschen, denen Sie in der Vergangenheit die Schuld an eigenen Ihrem Fehlverhalten gegeben haben, Ihnen in Zukunft helfen werden.

Andere Arten von Werten

Neben dem Unterschied zwischen positiven und limitierenden Werten können wir Werte noch nach anderen Kategorien aufteilen. Es gibt zum Beispiel Werte, die sich auf die Bedürfnisse eines Individuums (Kreativität und Vorstellungskraft/Phantasie) beziehen, und solche, die sich auf die Werte in Beziehungen konzentrieren (Freundschaft und Offenheit). Zudem gibt es Werte, die in einer Organisation wirken (Gewinn und Team-Arbeit), und Werte, die sich an den Bedürfnissen einer Gemeinschaft oder Gesellschaft orientieren (Innerer Zusammenhalt und Umweltbewusstsein).

Individuelle Werte beziehen sich vor allem darauf, sich um die eigenen Bedürfnisse zu kümmern. Freiheit, Autonomie und Kreativität sind zum Beispiel positive individuelle Werte, wohingegen Misstrauen, Arroganz und Gier potenziell limitierende individuelle Werte sind. Es ist nicht falsch, sich um die eigenen Bedürfnisse zu kümmern; erst wenn wir unsere eigenen Bedürfnisse über die Bedürfnisse anderer stellen, können unsere Werte potenziell einschränkend werden.

Beziehungswerte konzentrieren sich auf die Interaktion mit anderen Menschen, sei es die Familie, Freunde, Kollegen oder Mitbürger in der Gemeinde oder Stadt. Fürsorglichkeit, Vertrauen und Fairness sind zum Beispiel positive Beziehungswerte, wohingegen Vorwürfe machen, Eifersucht und Hass potenziell limitierende Beziehungswerte sind.

Organisationale Werte konzentrieren sich vor allem auf die Bedürfnisse einer Organisation. Gewinn, Team-Arbeit und Kundenzufriedenheit sind beispielsweise positive organisationale Werte, wohingegen ein Kurzfristiger Fokus, Interner Wettbewerb und Silodenken potenziell limitierende organisationale Werte darstellen.

Im Mittelpunkt der gesellschaftlichen Werte stehen die Bedürfnisse einer Gemeinschaft. Umweltbewusstsein, Recht und Gesetz sowie Fürsorge für die Benachteiligten sind positive gesellschaftlichen Werte, aber Gewalt, Diskriminierung und Korruption sind potenziell limitierende soziale Werte.

Eine andere Möglichkeit, Werte in Kategorien aufzuteilen, ist die Unterscheidung von Werten, die eher von Männern oder von Frauen angenommen werden.

Aufgrund ihrer Erziehung tendieren Männer eher dazu, „Yang-Werte" anzunehmen, wohingegen Frauen eher „Ying-Werten" folgen.[5] Das gilt nicht für alle Männer oder Frauen; manchmal ist es umgekehrt. Yang-Werte sind solche, die die Unterschiede zwischen den Menschen betonen; solche Werte sind Stärke, Konkurrenz und Logik. Dies sind individuelle Werte. Ying-Werte neigen dazu, die Menschen zu verbinden: Dazu gehören Werte wie Mitgefühl, Empathie und Fürsorglichkeit. Dies sind Beziehungswerte.

Was ist der Sinn positiver Ego-Werte?

Die Hauptaufgabe des Egos besteht darin, uns zu helfen, uns im kulturellen und materiellen Kontext unserer Existenz zu behaupten – es unterstützt uns dabei, zu überleben, sicher zu bleiben und uns geborgen zu fühlen. Die Seele braucht das Ego, um sich um die praktischen Aspekte unseres physischen Lebens zu kümmern. Nur, wenn wir überleben können, sicher sind und uns geborgen fühlen, spüren wir die Freiheit, das Wesen und die Werte unserer Seele zu erforschen.

Was sind Tugenden?

Tugenden sind Werte, die von einer bestimmten Kultur, Religion oder spirituellen Philosophie als besonders wichtig erachtet werden. Sie werden deshalb als so wichtig angesehen, weil sie Harmonie unter Menschen schaffen, die eine bestimmte Weltsicht miteinander teilen. Tugenden sind deshalb vom jeweiligen Kontext abhängig. Es gibt vier klassische Kardinaltugenden – Mäßigung, Klugheit, Tapferkeit und Gerechtigkeit – und im Christentum wurden drei weitere Tugenden benannt: Glaube, Hoffnung und Liebe.

---

5 Yin und Yang sind zwei Begriffe der chinesischen Philosophie, insbesondere des Daoismus. Sie stehen für polar einander entgegengesetzte und dennoch aufeinander bezogene Kräfte oder Prinzipien. Ein weit verbreitetes Symbol des Prinzips ist das Taijitu, in dem das weiße Yang (hell, hart, heiß, männlich, aktiv, Bewegung) und das schwarze Yin (dunkel, weich, kalt, weiblich, passiv, Ruhe) gegenüberstehend dargestellt werden. (Quelle: Wikipedia)

Im Mittelalter gab es sieben Tugenden – Demut, Güte, Mäßigung, Keuschheit, Geduld, Nächstenliebe und Fleiß. Im Buddhismus wurden zehn tugendhafte Handlungen formuliert: kein Lebewesen zu töten, nichts zu nehmen, was nicht gegeben wurde, sexuelles Fehlverhalten zu vermeiden, nicht zu lügen, Verleumdungen anderer zu vermeiden, harte Worte zu vermeiden, leere Sprache zu vermeiden, gierige Gedanken zu vermeiden, nicht bösartig zu sein und die falsche Sichtweise zu vermeiden.[6]

Was sind moralische Werte?

Moralische Werte gelten für einzelne Menschen. Wie Tugenden sind sie vom Kontext abhängig. Sie werden benutzt, um innerhalb einer bestimmten Kultur (oder Religion) richtiges Handeln (korrektes Verhalten) von falschem Handeln (unkorrektem Verhalten) zu unterscheiden. Was in einer Kultur als richtiges Handeln beurteilt wird, könnte in einer anderen Kultur als falsches Handeln gesehen werden. Deshalb gibt es keine Übereinkunft über universell gültige moralische Werte. Moralische Werte formen in der Regel einen Verhaltenskodex, der die sozialen Sitten (Konventionen) und Verantwortlichkeiten eines Menschen in einer bestimmten Kultur festlegt.

Was ist Ethik?

Ethik ist ein Zweig der Moralphilosophie, in dem Konzepte des richtigen und falschen Verhaltens systematisiert und empfohlen werden. Ein ethischer Kodex versucht, moralische Fragen zu lösen – Fragen des richtigen (akzeptablen) und falschen (inakzeptablen) Verhaltens – innerhalb einer bestimmten Gemeinschaft oder einem bestimmten beruflichen Kontext. Jeder, der in diesem Zusammenhang tätig ist und sich nicht an den vorgeschriebenen Verhaltenskodex hält, wird in irgendeiner Form bestraft, wozu auch der Ausschluss aus der Gruppe gehören kann.

6 http://www.rinpoche.com/teachindex.htm

Was bedeutet es, bewusst zu leben?

Bewusst zu leben bedeutet, a) sich der Wirkung des eigenen Handelns auf andere oder die Umwelt bewusst zu sein, und b) zu versuchen, den Schaden, den das eigene Handeln verursacht, zu minimieren. Unbewusst zu leben bedeutet, sich der Auswirkung des eigenen Handelns auf andere oder die Umwelt nicht bewusst zu sein und dadurch unbeabsichtigt Schaden zu verursachen. Wenn wir beginnen, bewusst zu leben, öffnen wir uns für die Werte, den Einfluss und die Botschaften unserer Seele.

Was ist das Gewissen?

Unser Gewissen ist ein inneres Leitsystem, das uns zeigt, wo wir *nicht* nach unseren Überzeugungen oder Werten leben. Wenn wir in einer Weise handeln, die nicht mit unseren Werten übereinstimmt, fühlen wir uns schuldig. Mit anderen Worten, Schuld ist ein Signal, das wir uns selbst senden, wenn wir bemerken, dass wir nicht nach unseren tiefsten Werten handeln. Wenn wir Schuld spüren, erfahren wir auch Reue – Reue für ein möglicherweise falsches Handeln. Reue führt dazu, dass wir Wiedergutmachung leisten wollen. Deshalb kann der Schmerz der Schuld ein konstruktiver Lehrer sein – die Erfahrung von Schuld kann uns dazu veranlassen, unser Verhalten zu ändern –, um bewusster zu leben.

Was ist die Verbindung zwischen wertebasierter Entscheidungsfindung und Integrität?

Wertebasierte Entscheidungsfindung ist der Weg zu Integrität. Integrität ist eine Weise des Daseins und der Interaktion, die durch die Werte von Ehrlichkeit, Aufrichtigkeit, Mäßigung, Ganzheit, Stimmigkeit und Zusammenhalt symbolisiert wird – also ein Leben im Einklang mit der Natur unserer Seele.

Menschen, die aus Integrität handeln, leben nach ihren höchsten Idealen (Werten). Sie tun das, was sie sagen. Es gibt keine Diskrepanz zwischen dem, was sie sagen, und ihrem Handeln. Man kann ihnen vertrauen, dass sie unter allen Umständen das Richtige tun. Ihr Ego und ihre Seele sind in Übereinstimmung miteinander. Ein Leben aus Integrität ist der Weg zum Wohlbefinden und Erfolg.

Authentizität wird oft mit Integrität verwechselt, sie sind aber nicht das Gleiche. Integrität bedeutet die unerschütterliche Ausrichtung an einem moralischen oder ethischen Kodex, zum Beispiel den Werten der Seele. Authentizität bedeutet eher, aufrichtig zu sein – wahrhaftig zu den eigenen Ursprüngen und in den eigenen Absichten ehrlich zu sein. Menschen, die mit Authentizität handeln, sind nicht falsch, unaufrichtig oder unecht. Sie sind, wer sie sind, und sie geben nicht vor, jemand anderes zu sein – sie verdecken nicht ihre wahre Natur. Authentizität und Integrität kommen zusammen – und vereinen sich –, wenn wir im Seelenbewusstsein leben.

2 Die Essenz der Werteentwicklung im persönlichen Leben

Die sechs wichtigsten Dinge, die ich über Werte in meinem persönlichen Leben gelernt habe, sind folgende:

- Unsere Werte sind eine Reflexion unserer Bedürfnisse.
- Menschen werden wütend, wenn ihre Bedürfnisse nicht erfüllt werden.
- Unsere Werteprioritäten verändern sich im Laufe unseres Lebens.
- Unsere Werteprioritäten verändern sich je nach Lebensumständen.
- Auf der tiefsten Ebene unseres Seins teilen wir alle die gleichen universellen Werte.
- Werte einen und Überzeugungen trennen.

Unsere Werte sind eine Reflexion unserer Bedürfnisse

Was immer wir brauchen – was immer uns wichtig ist – ist das, was wir schätzen. Wenn wir im Gegensatz dazu etwas nicht brauchen – wenn etwas uns nicht wichtig ist –, erachten wir es nicht als wertvoll. Das gilt für unseren Besitz wie auch für die Menschen in unserem Leben. Wir können sehen, was Menschen in ihrem Leben wertschätzen – das heißt was sie brauchen –, wenn wir beobachten, worauf sie ihre Aufmerksamkeit richten, um wen oder was sie sich kümmern und womit sie ihre Zeit verbringen.

In der Abbildung 2.1 sehen Sie zum Beispiel meine zehn wichtigsten Werte. Diese Eigenschaften schätze ich, ich kümmere mich um sie, es sind die wichtigen Aspekte, die ich in meinem Leben brauche. Die grauen Punkte in diesem Diagramm zeigen meine Werte auf dem Modell der Sieben Bewusstseinsebenen abgebildet. Die Zahl in Klammern bezeichnet die Bewusstseinsebene, zu der der Wert gehört.

Wie Sie in diesem Diagramm sehen, sind meine zehn wichtigsten Werte über die Sieben Bewusstseinsebenen verteilt. Das bedeutet allgemein gesagt, dass ich mit allen Herausforderungen, denen ich im Leben begegne, umgehen kann. Nachdem ich mittlerweile das reife Alter von 72 Jahren erreicht habe, hoffe ich, dass dem so ist. Ich hatte viel Zeit zum Üben. Mir ist bewusst, dass ich immer noch stolpere, aber weniger als früher. Wenn unsere zehn wichtigsten Werte über alle Ebenen des Bewusstseins verteilt sind, kann man sagen, dass wir aus dem ganzen Bewusstseinsspektrum leben.

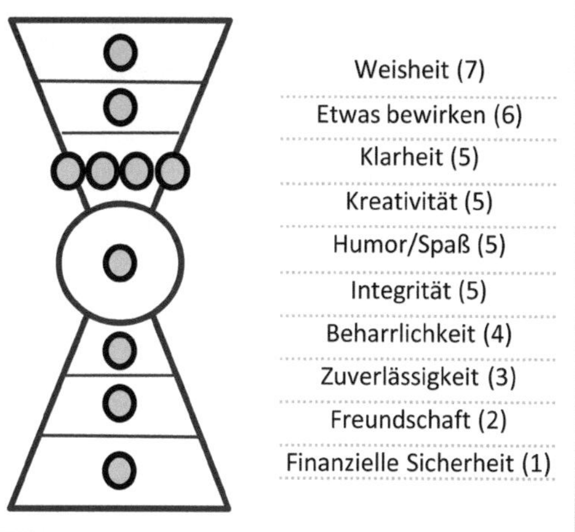

Abb. 2.1: Meine zehn wichtigsten Werte

Diese Aussage trifft das Persönliche Werte-Assessment des Barrett Values Centre über meine Werte:

Ihre Werte deuten darauf hin, dass Sie ein ausgewogenes und erfülltes Leben führen. Aus den Werten, die Sie ausgewählt haben, wird ersichtlich, dass Sie ein Mensch sind, für den Sinn sehr wichtig ist. Sie haben eine ausgeprägte Mischung moralischer Grundsätze, die bestimmend dafür sind, wie Sie mit anderen umgehen und wie Sie sich wünschen, dass andere Sie behandeln.

Ihre Werte zeigen:

- *Sie haben die Gabe, einfallsreich zu denken und zur Entwicklung neuer Ideen können Sie positiv verändernd auf das Leben anderer Menschen wirken.*
- *Sie stellen gerne sicher, dass Informationen klar zum Ausdruck gebracht und voll verstanden werden.*
- *Sie erfüllt es mit Zufriedenheit, wenn Sie die Übersicht über Ihre Finanzen bewahren und sicherstellen, dass diese nicht überlastet sind.*
- *In Ihrem Leben ist es wichtig, enge und bedeutungsvolle Beziehungen mit anderen zu entwickeln.*
- *Sie lieben es, Spaß zu haben im Leben und schätzen es, mit anderen unbeschwert zusammen zu sein.*
- *Sie sind sich selbst und Ihren Prinzipien treu und versuchen, Ihr Leben daran auszurichten.*

- *Sie zeigen Entschlossenheit und Entschiedenheit und können deshalb Ihre Ziele erreichen.*
- *Sie sind zuverlässig und die anderen sollten wissen, dass man auf Sie zählen kann.*
- *Ihre auf Erfahrungen beruhende Einsicht und Ihr Verständnis befähigen Sie, klar zu denken und andere anleiten zu können.*

Die Werte, die Sie ausgewählt haben, zeigen, dass Ihnen Ihre individuellen Fähigkeiten am wichtigsten sind. Mit der Wahl Ihrer Werte zeigen Sie auch Fürsorge für das Gemeinwohl (Etwas bewirken).

Was sagt das Persönliche Werte-Assessment des Barrett Values Centre über Ihre Werte? Dies können Sie unter https://changemanagement.biz/pva herausfinden.

Am Ende des Berichtes, den Sie erhalten, finden Sie eine Reihe von Übungen. In der ersten Übung werden Sie gebeten, Ihre drei wichtigsten Werte auszuwählen und zu untersuchen, warum diese für Sie wichtig sind. Dies wird Ihnen helfen zu verstehen, wie Ihre Werte Ihr Handeln beeinflussen und warum Sie mit Irritation oder Wut reagieren, wenn jemand einen Ihrer Werte verletzt.

In der zweiten Übung erhalten Sie die Möglichkeit, über die Werte nachzudenken, die Sie noch umfassender in Ihrem Leben verwirklichen wollen. Die Reflexion dieser beiden Übungen wird Ihnen helfen, einen Aktionsplan zu formulieren, um Ihre Selbstentwicklung zu unterstützen.

Es lohnt sich, Ihre Werte regelmäßig zu überprüfen, um herauszufinden, ob es Veränderungen gab. Während wir uns durch die Phasen unseres Lebens bewegen, verändern sich unsere Werte mit einem Fokus auf das Eigeninteresse hin zu einem Fokus auf das Gemeinwohl.

Menschen werden wütend, wenn ihre Bedürfnisse nicht erfüllt werden

Fast jede Stunde jedes Tages ist jeder Mensch auf unserem Planeten auf eine Sache konzentriert: seine Bedürfnisse zu erfüllen. Es gibt kaum eine Aktivität, die wir unternehmen, die nicht in irgendeiner Weise damit zu tun hat, dass wir versuchen, unsere Bedürfnisse zu erfüllen – fit zu bleiben, uns zur Musik zu entspannen, in Chor zu singen, Kinder großzuziehen usw. Dies alles sind Versuche, ein Bedürfnis zu erfüllen. Selbst wenn wir anderen helfen, ihre Bedürfnisse zu befriedigen, versuchen wir meist, unser eigenes Bedürfnis zu erfüllen, etwas zu bewirken oder zu dienen.

Deshalb ist es nicht überraschend, dass unsere Emotionen davon abhängen, ob unsere Bedürfnisse erfüllt werden oder nicht. Wir erleben Wut, wenn unsere Bedürfnisse nicht befriedigt werden. Wir erfahren Glück, wenn wir ein Bedürfnis erfüllen können, das wir zuvor nicht befriedigen konnten. Wir spüren Angst, wenn wir glauben, dass unsere Bedürfnisse in der Zukunft nicht befriedigt werden, und wir fühlen uns zufrieden, wenn unsere Bedürfnisse erfüllt werden.

Was ist mit den Emotionen der Freude und Traurigkeit? Ich glaube, dies sind Emotionen der Seele. Anders als das Ego, das Bedürfnisse hat, hat die Seele Sehnsüchte. Wenn die Sehnsüchte der Seele erfüllt werden, empfinden wir Freude. Wenn die Sehnsüchte der Seele nicht erfüllt werden, spüren wir Traurigkeit. Wiederholte Erfahrungen von Traurigkeit führen zu Depression.[7]

Weil Bedürfnisse und Werte zutiefst miteinander verknüpft sind, ist es nicht verwunderlich, dass wir wütend werden, wenn unsere wichtigsten Werte verletzt werden. Wenn für Sie beispielsweise Fairness einer der wichtigsten Werte ist, werden Sie wütend, wenn Sie auf Situationen stoßen, in denen Sie unfair behandelt werden oder sehen, wie andere ungerecht behandelt werden.

Weil unsere Werte so wichtig für uns sind, sollten wir meines Erachtens auch verstehen, was ein Bedürfnis ist. Ich definiere ein Bedürfnis folgendermaßen: *Der reale oder imaginäre Mangel von etwas, das für die Aufrechterhaltung der physiologischen (biologischen) Stabilität des Körpers oder die emotionale Stabilität des Egos wesentlich ist.*

Wenn wir Angst, Wut, Frustration, Ungeduld oder eine andere Form von emotionaler Instabilität erfahren, wissen wir, dass eines unserer Ego-Bedürfnisse nicht befriedigt wird. Hinter jeder Form von emotionaler Instabilität steckt immer Angst. Die Emotion der Angst und die damit verbundenen Gefühle sind ein Zeichen dafür, dass Sie glauben, dass es Ihnen an etwas mangelt, oder dass Sie befürchten, dass Ihnen

---

7 Richard Barrett, *A New Psychology of Human Well-being: The influence of Ego-Soul Dynamics on mental and Physical Health*. London: Fulfilling Books, 2016.

etwas, das für die Erfüllung Ihrer Bedürfnisse wichtig ist, genommen wird.

Wenn wir glauben, ein Ego-Bedürfnis zu haben, dann sagen wir eigentlich: Meine Lebensumstände sind nicht vollkommen, weil mir etwas fehlt, das für die weitere Funktion meines Körpers (körperliches Überleben), für das geistige Bedürfnis, sich geliebt und geschützt zu fühlen (geborgen unter Menschen) und sich respektiert und wertgeschätzt zu fühlen (geborgen in der Gemeinschaft), wichtig ist.

Wenn wir verstehen, dass es unserem Leben an nichts mangelt, wenn wir erkennen, dass unser Leben vollkommen ist so wie es ist, wenn wir dankbar sind für das, was wir haben, und wertschätzen was wir haben, um gut leben zu können, dann spüren wir ein Gefühl der Zufriedenheit: Wir leben im Seelenbewusstsein.

Die Erkenntnis, dass Wut aus einem nicht erfüllten Bedürfnis entsteht, ist entscheidend für das Wissen darum, wie wir Disharmonie überwinden und uns mit anderen Menschen verbinden können. Immer wenn Sie vor jemandem stehen, der wütend, frustriert oder ungeduldig ist, können Sie verstehen, dass dieser Ärger das Zeichen für ein nicht erfülltes Bedürfnis ist. Vielleicht ist sich diese Person nicht bewusst, dass ein Bedürfnis nicht befriedigt wird.„Deshalb kann die Frage, (Welches unerfüllte Bedürfnis haben Sie im Moment?", die Situation entspannen oder zumindest klären, worauf der Ärger zurückgeht.

Unsere Werteprioritäten verändern sich im Laufe unseres Lebens

Wenn wir älter werden, verändern sich unsere Werteprioritäten. Was für uns als Baby wichtig ist, ist für uns als Teenager nicht mehr so wichtig; die Werte, die für uns als Teenager entscheidend sind, verlieren ihre Bedeutung im Erwachsenen- oder Rentenalter.

Trotz dieser veränderlichen Natur unserer Werteprioritäten gibt es drei Werte, die uns das ganze Leben lang begleiten: Überleben, Sicherheit und Geborgenheit. Diese drei Werte sind uns so wichtig, dass sie unserem Gehirn eingeprägt sind. Wenn sie nicht befriedigt werden, bestimmen sie unser bewusstes und unbewusstes Denken. Wenn wir daran denken, dass unsere Bedürfnisse nach Überleben, Sicherheit und Geborgenheit in der Gegenwart und in der Zukunft nicht erfüllt werden, spüren wir Angst und Sorge. Wenn diese Bedürfnisse aber erfüllt werden, dann denken wir nicht darüber nach.

Wir können diese Veränderung im Laufe des Lebens in sieben Stufen beschreiben, die ich als die sieben Stufen der psychologischen Entwicklung bezeichne. Jede Stufe hat ihre eigenen Bedürfnisse und damit auch ihre eigenen Werte.

Die ersten drei Stufen hängen mit der physiologischen Entwicklung unseres Gehirns und der emotionalen und mentalen Entwicklung unseres Geistes zusammen. Jede sich wiederholende Erfahrung während der ersten 21 Jahre unseres Lebens hinterlässt neue synaptische Verbindungen im Gehirn. Diese synaptischen Verbindungen bezeichnen wir als Überzeugungen. Mit Mitte Zwanzig haben unser Reptiliengehirn und das entsprechende Bewusstsein eine Reihe unbewusster Glaubenssätze in Bezug auf das Überleben ausgebildet, das limbische Gehirn und das dazugehörige Bewusstsein haben eine Reihe unbewusster Überzeugungen über Sicherheit entwickelt und unser Neokortex und das entsprechende Bewusstsein haben eine Reihe unbewusster Überzeugungen über Geborgenheit gebildet.

Überleben

Für die ersten drei Monate des Lebens, von der Empfängnis bis zur Bildung des Reptiliengehirns, ist das Seelenbewusstsein die wichtigste (bewusste) Schnittstelle mit der Außenwelt des Embryos: dem Uterus der Mutter. Das Speziesbewusstsein, das im Unterbewussten des Seelenbewusstseins wirkt, bestimmt die Entwicklung des Embryos zu einem Fötus und schafft etwa um das dritte Schwangerschaftsdrittel herum ein funktionierendes Körperbewusstsein (Reptiliengehirn).

Wenn das Körperbewusstsein funktionsfähig ist, wird es zur neuen bewussten Schnittstelle mit der Außenwelt und das Seelenbewusstsein wird zum Unterbewussten des Körperbewusstseins. Das Speziesbewusstsein (eingekapselt in der DNA) wird zum Unbewussten des Körperbewusstseins und bestimmt die Entwicklung des Körpers bis zur Reife.

Der zentrale Fokus des Körperbewusstseins ist das Überleben. Dies gewährleistet es durch die Regulierung der inneren Stabilität des Körpers. Aufgrund unserer Prägung als Teil der menschlichen Spezies (in der DNA) weiß das Körperbewusstsein instinktiv, wie der Körper das Gleichgewicht der Homöostase aufrechterhalten kann. Wenn ein Baby geboren wird, weiß es, wie es an der Brust saugen und (um Hilfe) schreien muss, wenn es unangenehme Empfindungen spürt.

Der Embryo, der Fötus und das Baby sind vom Zeitpunkt der Empfängnis an vollkommen von der Mutter abhängig, was ihr Wohlbefinden betrifft. Was der Fötus und das Baby erfahren, während das Körperbewusstsein lernt, in einer dreidimensionalen materiellen Realität zu leben (Erinnerungen bildend), verursacht beim Kind die Entstehung unterbewusster Überzeugungen. Dies sind die autobiografischen Gedächtniseindrücke (Überzeugungen), die das Kind nutzt, um die Welt zu verstehen.

Obwohl das Körperbewusstsein weiß, wie es auf jede innere Instabilität wie Hunger, Durst, Hitze oder Kälte reagieren kann, weiß es nicht, wie es diese Empfindungen abstellen kann. Wenn die Reaktionen des Babys (Gesichtsausdruck, Weinen usw.) auf diese unangenehmen Empfindungen dazu führt, dass seine Bedürfnisse befriedigt werden, fühlt es sich geliebt. Wenn diese Reaktionen nicht bemerkt oder ignoriert werden, leidet es zunehmend – es fühlt Angst.

Nach und nach verknüpft das Baby seine Reaktionen mit seinen Empfindungen und den Reaktionen darauf. Es bemerkt, dass es durch seine Reaktionen in der Lage ist – oder vielleicht nicht in der Lage ist –, sein Wohlbefinden zu kontrollieren. Wenn seine Bedürfnisse „auf magische Weise" befriedigt werden, hat es das Gefühl, dass es seine Welt kontrollieren kann. Wenn seine Bedürfnisse nicht befriedigt werden, hat es dieses Gefühl der Kontrolle nicht.

Der Fötus und das neugeborene Baby haben das Problem, dass sie immer noch glauben, sie würden im Energiefeld der Verbundenheit und Liebe leben. Sie leben im Seelenbewusstsein, weil sie noch nicht gelernt haben, sich abzutrennen. Das Baby lernt nach und nach durch die Erfahrung unangenehmer Empfindungen, dass es nicht länger in dieser Welt lebt.

Zu diesem Zeitpunkt, normalerweise im Alter zwischen 18 Monaten und zwei Jahren wird der „Schmerz" (der Mangel an Liebe), der aus unangenehmen Erfahrungen und dem Gefühl des Getrenntseins entsteht, zu viel für die Seele. Sie filtert diesen Schmerz heraus, indem sie die psychische Entität schafft, die wir als Ego bezeichnen. Das Ego dient als Puffer, der vor der Welt der unangenehmen Empfindungen wie Schmerz, Angst und Trennung schützt.

Wenn die Mutter oder die Bezugspersonen des Kindes nicht achtsam sind oder das Baby missbraucht wird, alleingelassen wird oder lange Zeit ohne Ansprache bleibt, bildet es unterbewusste Überzeugungen. Diese Überzeugungen besagen, dass die Welt, in der das Baby lebt, ein unsicherer Ort ist und dass es nicht geliebt wird. Dadurch wird dieser Mensch auf dem Weg durch sein Leben versuchen, die Geschehnisse in seiner Umgebung zu kontrollieren, um sicherzustellen, dass seine Bedürfnisse befriedigt werden. Solch ein Mensch ist vorsichtig und wachsam, er tendiert dazu, alles, was in seiner Umgebung geschieht und sein Wohlbefinden beeinflussen könnte, bis aufs Kleinste zu kontrollieren.

Wenn die Mutter oder die Bezugspersonen des Babys andererseits auf seine Bedürfnisse achten, aufmerksam sind und auf Anzeichen unangenehmer Empfindungen reagieren, dann wird es mit dem Gefühl aufwachsen, dass es geliebt wird und dass die Welt, in der es lebt, ein sicherer Ort ist. Die Gefühle von Kontrolle und Kompetenz, die das Baby spürt, wenn seine Bedürfnisse schnell befriedigt werden, ist eine entscheidende Voraussetzung dafür, später im Leben die Entwicklungsstufe der Selbstverwirklichung zu meistern. Wenn wir nicht das Gefühl haben, Kontrolle ausüben zu können und kompetent zu sein, werden wir nicht in der Lage sein, die Risiken einzugehen, die der Weg der Selbstverwirklichung mit sich bringen kann.

Auf der Entwicklungsstufe des Überlebens wird Liebe durch die Befriedigung unserer körperlichen Bedürfnisse erfahren, dadurch entsteht im Körperbewusstsein ein Empfinden von Stabilität. Das Körperbewusstsein ist in einem Zustand der Instabilität – einem Mangel an Liebe –, wenn darin das Gefühl entsteht, verlassen und ohne Fürsorge zu sein.

Anpassung

Gegen Ende der Entwicklungsstufe des Überlebens wird das Kleinkind beweglich und lernt, zu kommunizieren. Das ist die Zeit, in der sich das Ego zu formen beginnt. Das limbische Gehirn sowie das damit einhergehende emotionale Bewusstsein, das sich im Hintergrund entwickelt hat, wird zum bestimmenden Teil des Gehirns und Bewusstseins. Der Fokus des emotionalen Bewusstseins liegt immer auf Sicherheit und Geborgenheit – vor Verletzung geschützt zu sein –, indem wir ein „Zuhause" finden, in welchem wir uns umsorgt und beschützt fühlen. Das Körperbewusstsein wirkt weiter im Hintergrund als körperliche

Schnittstelle zur Welt und das emotionale Bewusstsein wird zur sozialen Schnittstelle zu der Welt.

Wenn das emotionale Bewusstsein bestimmend wird, wird das Körperbewusstsein zum Unterbewussten des emotionalen Bewusstseins, dadurch rückt das Seelenbewusstsein noch weiter in den Hintergrund. Es wird zum Unbewussten des emotionalen Bewusstseins. Es ist immer noch in der Lage, die Gedanken des Kindes zu beeinflussen, aber nicht mehr so direkt wie zuvor.

Obwohl das emotionale Bewusstsein dominant ist, nutzt es Erinnerungen, die im Körperbewusstsein und im Seelenbewusstsein gespeichert sind, um die Welt zu verstehen und Entscheidungen zu treffen. Einige der Impulse und Reaktionen des Körperbewusstseins können durch das emotionale Bewusstsein außer Kraft gesetzt werden, wenn es den Eindruck hat, dass diese Reaktionen seine Fähigkeit, in Zukunft seine Bedürfnisse zu befriedigen, gefährden.

Wenn das Kind zum Beispiel das Gefühl hat, dass es ungerecht behandelt wird, kann das Kind, statt wütend auf seine Eltern zu werden, die Wut, die es aufgrund der nicht befriedigten Bedürfnisse spürt, nach innen richten. Statt den Eltern die Schuld daran zu geben, gibt es sich selbst die Schuld für die unangenehmen Empfindungen und die emotionale Instabilität. Das Kind gibt sich selbst die Schuld, weil es Angst davor hat, diese Wut auf die Eltern zu richten. Wenn es diese Wut auf seine Eltern zeigen würde, dann könnte es schwieriger werden, in Zukunft das Bedürfnis nach Geborgenheit erfüllt zu bekommen. Aber die emotionale Instabilität verschwindet nicht. Sie ist im Hintergrund immer anwesend und beeinflusst unsere unterbewusste Entscheidungsfindung. Das ist der Beginn der kritischen Stimme in unserem Kopf, die urteilende Stimme, die uns sagt, wir wären nicht gut genug, um die Liebe zu erhalten, nach der wir suchen. Wir geben uns selbst die Schuld, statt unseren Eltern die Verantwortung dafür zu geben, dass unsere Bedürfnisse nicht erfüllt wurden.

Wenn die Eltern die Erfüllung der Bedürfnisse davon abhängig machen, dass sich das Kind an bestimmte Regeln hält, oder wenn das Kind gezwungen wird, sich in einer bestimmten Weise zu verhalten, lernt es, dass Liebe von Bedingungen abhängt. Dann wird der Mensch auch später im Leben diese Strategie anwenden, damit seine Bedürfnisse erfüllt werden.

Zu Beginn dieser Entwicklungsstufe kann das Kind in Wutanfälle gehen, um zu erreichen, dass seine Bedürfnisse befriedigt werden. Das Kleinkind hat noch nicht gelernt, wie es sich von seinen Bedürfnissen trennen kann. Und es hat auch nicht gelernt, dass die Menschen, von denen es für sein Überleben und seine Geborgenheit abhängig ist, auch Bedürfnisse haben.

Wenn die Eltern den Wutanfällen des Kindes nachgeben, lernt das Kind sehr schnell, dass „schlechtes" Verhalten eine gute Strategie ist, um seine Bedürfnisse zu erfüllen. In diesem Fall wird das Leben der Eltern unerträglich, weil sie vollkommen von ihren Kindern beherrscht werden.

Zum Wohle des Familienzusammenhalts muss das Wachstum des Egos des Kindes gut begleitet werden. Dafür gibt es zwei Möglichkeiten: Der angemessene Weg durch zunehmende Sozialisation, bei dem das Kind versteht, dass auch andere Menschen Bedürfnisse haben, und der unangemessene Weg, bei dem man versucht, das Ego durch die Macht der Strafe zu zerstören.

Wenn die Eltern entschieden und liebevoll sind, wird das Kind lernen, den Regeln zu folgen, die die Eltern aufzeigen. Es lernt, dass das Leben angenehmer, freudvoller, weniger bedrohlich und schwierig ist, wenn es in einem Zustand der Harmonie mit den Bezugspersonen und den Geschwistern lebt. Das Kind versteht, dass Anpassung – das Befolgen von Regeln – Vorteile hat. Dadurch werden die körperlichen und emotionalen Bedürfnisse des Kindes befriedigt *und* es fühlt sich geliebt. Es lernt auch, dass das Befolgen der Regeln den Schmerz der Bestrafung und das Gefühl der Trennung verhindert.

Wenn sich die Bezugspersonen oder Eltern des Kindes um seine Bedürfnisse kümmern, wenn es also in einer fürsorglichen, liebevollen Umgebung aufwächst, in der es sich sicher und geborgen fühlt, dann wird das Kind mit dem Wunsch und der Bereitschaft aufwachsen, enge Beziehungen einzugehen und die Regeln der Gesellschaft zu befolgen, wenn es erwachsen ist. In dieser Entwicklungsphase ist es wichtig, dass das Kind an Familienritualen teilnimmt, weil sie zum Gefühl des Kindes beitragen, sich zugehörig und geborgen zu fühlen.

In der Entwicklungsstufe der Anpassung ist es sehr wichtig, dass wir Wohlbefinden, Sicherheit und Liebe erfahren. Dies ist eine entscheidende Voraussetzung dafür, die spätere Entwicklungsstufe der Integration zu meistern, wodurch im emotionalen Bewusstsein das Empfinden von Stabilität entsteht. Wenn wir uns mit anderen nicht sicher fühlen – wenn wir ihnen nicht vertraust – werden wir es schwierig finden, mit anderen zusammenzuarbeiten, wenn wir erwachsen werden.

Im Entwicklungsstadium der Anpassung wird Liebe durch die Befriedigung unserer Sicherheits- und Schutzbedürfnisse erfahren. Zu diesem Zeitpunkt erlebt der emotionale Verstanden Stabilität. Der emotionale Geist erlebt Instabilität – einen Mangel an Liebe –, wenn seine Liebe und seine Zugehörigkeitsbedürfnisse nicht erfüllt werden.

Differenzierung

Gegen Ende der Entwicklungsstufe der Anpassung, im Alter von etwa sieben oder acht Jahren, wird das Neokortex-Bewusstsein – der rationale Verstand, der sich im Hintergrund entwickelt hat – bestimmend. Der Fokus des rationalen Bewusstseins liegt auf Sicherheit: uns vor Verletzung zu schützen und uns darin zu unterstützen, unseren Platz in der Welt zu finden. Das rationale Bewusstsein löst langsam das emotionale Bewusstsein als unsere Schnittstelle zur Welt ab. Das emotionale Bewusstsein wirkt weiterhin im Hintergrund als unsere soziale Schnittstelle zur Welt und das Körperbewusstsein wirkt im Hintergrund als unsere „biologische" Schnittstelle zur Welt.

Wenn das rationale Bewusstsein dominant wird, wird das emotionale Bewusstsein zum Unterbewussten des rationalen Bewusstseins und das Körperbewusstsein wird zum Unbewussten des rationalen Bewusstseins. Das Seelenbewusstsein wird auf einer tieferen Ebene unbewusst, sein Einfluss ist schwach oder gar nicht wahrnehmbar.

Unterbewusste Entscheidungen, die durch das emotionale Bewusstsein getroffen werden, können durch das rationale Bewusstsein außer Kraft gesetzt werden, wenn das rationale Bewusstsein den Eindruck hat, dass die Reaktionen des emotionalen Bewusstseins seine Fähigkeit schwächen könnten, das Bedürfnis nach Sicherheit zu erfüllen – dies wird als emotionale Intelligenz bezeichnet.

Auf dieser Entwicklungsstufe wird aus dem Kind ein Teenager, es beginnt, die Welt außerhalb der Familie und des Zuhauses zu erforschen. Bis zu diesem Alter von ungefähr acht Jahren waren die Beziehungen zu den Eltern und Geschwistern besonders wichtig. Wenn das Kind sich dem Teenageralter nähert, werden die Beziehungen mit den Gleichaltrigen und den Autoritätspersonen wie Lehrern und religiösen Autoritäten wichtig, um das Bedürfnis nach Sicherheit zu erfüllen. Der

Teenager kann dieses Bedürfnis nach Sicherheit dadurch erfüllen, dass er Wege findet, sich mit einer Gemeinschaft, Gruppe oder Gang verbunden zu fühlen (zu ihr zu gehören) oder indem er nah bei den Eltern bleibt. Um das Bedürfnis nach Sicherheit zu erfüllen, muss der Teenager eine Möglichkeit finden, von den Mitgliedern der Gruppe, der er angehören möchte, oder von den Eltern respektiert und anerkannt zu werden.

Es gibt zwei Wege, die dem Teenager offenstehen, um dafür zu sorgen, dass seine Bedürfnisse nach Respekt und Anerkennung erfüllt werden:

- durch Ausdruck von Macht und Stärke – stark und kräftig zu werden (für Mädchen, indem sie schön und attraktiv zu werden). Das ist normalerweise der Weg, der gegangen wird, um das Bedürfnis nach Anerkennung in einer Gruppe zu erfüllen.
- durch Ausdruck von Wissen und Lernen – ein guter Schüler zu werden. Dieser Weg wird meist eingeschlagen, um das Bedürfnis nach Anerkennung von den Eltern erfüllt zu bekommen.
- durch Ausdruck von „Coolness" (Status) – die neuesten Technologien, Frisur usw. zu haben. Dieser Weg wird meist verfolgt, um das Bedürfnis nach Anerkennung durch die Gleichaltrigen zu erfüllen.

Welchen Weg ein Teenager wählt, wird zum großen Teil von drei Faktoren abhängen: Erstens, seine natürlichen körperlichen Eigenschaften, zweitens von der sozialen Umgebung, in der er oder sie lebt, und drittens die Beziehung zu den Eltern und Geschwistern. Der wichtigste Aspekt davon ist die Beziehung zu den Eltern und Geschwistern.

Wenn der Teenager von seinen Eltern respektiert und anerkannt wird – wenn die Eltern Zeit mit ihm verbringen, emotionale Unterstützung geben und ihn bei den Lernaufgaben unterstützen, die ihn interessieren oder die mit seinen natürlichen Talenten übereinstimmen , dann wird er nicht davon abhängig sein, Respekt und Anerkennung bei seinen Gleichaltrigen, einer Gruppe oder anderen Autoritätspersonen in seinem Leben zu suchen.

Wenn der Teenager Mitglied einer Gang wird, können Mutproben eine erforderliche Aufnahmeprüfung sein. Das kann die Jugendlichen vom „Pfad der Tugend" abbringen. Sie könnten etwas tun, von dem sie wissen, dass es falsch ist, einfach nur weil sie zu einer Gruppe gehören wollen, in der sie sich anerkannt und sicher fühlen. Teenager, die Beziehungen mit Erwachsenen außerhalb der Familie aufbauen, um ihr

Bedürfnis nach Anerkennung zu erfüllen, laufen Gefahr, unter den Einfluss religiöser Radikalisierung oder sexueller Annäherung zu kommen.

Auf dieser Entwicklungsstufe ist es für Teenager wichtig, dass sie Feedback von ihren Eltern bekommen. Wenn sie kein positives Feedback erhalten, dann werden sie versuchen, es von anderen Menschen zu bekommen. Sie werden Teil einer Gruppe oder Gang, in der sie sich akzeptiert und wertgeschätzt fühlen, wo sie sich als das anerkannt fühlen, was sie sind, und wo ihre Fähigkeiten, Gaben und Talente gesehen werden.

Das kann zu Konflikten mit der Familie führen, weil sie zwischen zwei Wertesystemen hin- und hergehen: das Wertesystem ihrer Eltern und das Wertestem der Gruppe oder Gang, zu der sie gehören. Wenn die Eltern nicht sensibel mit dieser Situation umgehen, wird das Familienleben schwierig oder gar unerträglich. Der Teenager könnte rebellieren.

Auf Seiten der Eltern gibt es innere Haltungen, die den Teenagern den Raum geben, sicher zu erforschen, wer sie sind und ihr Identitätsgefühl in der Welt außerhalb der Familie zu finden: begleiten statt kontrollieren, erlauben statt verhindern, ermutigen statt erniedrigen und vertrauen statt zweifeln.

Sich in der Gemeinschaft körperlich und emotional sicher zu fühlen – ein gesundes Selbstwertgefühl zu entwickeln, in dem man respektiert und anerkannt wird – ist eine entscheidende Voraussetzung für die Meisterung der Entwicklungsstufe des Dienens im späteren Verlauf des Lebens. Wenn wir uns in den Teenagerjahren nicht sicher in unserer Gemeinschaft fühlen, dann fühlen wir uns nicht selbstbewusst genug, um später im Leben einen Beitrag zur Gesellschaft zu leisten.

Auf dieser Entwicklungsstufe der Differenzierung wird Liebe durch die Erfüllung unseres Bedürfnisses nach Sicherheit erreicht, wodurch im rationalen Bewusstsein ein Empfinden der Stabilität entsteht. Das rationale Bewusstsein kommt in einen Zustand der Instabilität – einen Mangel an Liebe –, wenn seine Bedürfnisse nach Respekt und Anerkennung nicht erfüllt werden.

Individuation

Mit Mitte Zwanzig beginnen wir den Impuls der Seele zu spüren, uns mit unserem Seelen-Selbst zu verbinden. Damit das möglich wird, müssen wir die Ketten der Abhängigkeit durchbrechen, die uns an den elterlichen und kulturellen Rahmen unserer Existenz binden. Für die Erfüllung unserer Bedürfnisse sind wir nicht länger auf andere angewiesen, wir suchen nach Unabhängigkeit. Wir wollen Freiheit und Autonomie finden und wir wollen für alle Aspekte unseres Lebens Verantwortung übernehmen und verantwortlich sein. Insbesondere wollen wir unsere Werte zum Ausdruck bringen.

Deshalb besteht die Aufgabe auf dieser Entwicklungsstufe der Individuation darin, den Weg zu gehen, der zur Genesung der Seele führt. Ohne dass wir es im Ganzen bemerken, treten wir aus der Einbettung in den elterlichen und kulturellen Hintergrund heraus und beginnen, die Motivationen unseres Egos mit den Motivationen unserer Seele zu verbinden.

Für diejenigen, die das Glück hatten, von selbstverwirklichten Eltern großgezogen zu werden, die in einer Gemeinschaft oder Kultur leben konnten, in der Freiheit und Unabhängigkeit anerkannt wurden und dort, wo höhere Bildung leicht zugänglich war, wo Frauen und Männer gleichbehandelt wurden und wo wir von klein auf darin bestärkt wurden, unsere Bedürfnisse auszudrücken und eigenständig zu denken, wird es relativ leicht sein, die psychologische Entwicklungsstufe der Individuation zu durchlaufen. Das heißt, wenn wir eine Arbeit finden, die unser Leben finanziert. Wenn wir keine Arbeit finden, die uns finanziell unabhängig macht, fühlen wir uns entmutigt, weil wir nicht die Freiheit haben, den Prozess der Individuation zu durchlaufen.

Für viele Menschen ist es schwierig, sich dem Einfluss der Eltern zu entziehen. Andere Menschen, die in autoritären Gemeinschaften oder unterdrückenden Regimen leben, könnten Angst davor haben, sich selbst auszudrücken. Sie wollen nicht bestraft werden, weil sie gegen die Regeln verstoßen haben, und sie wollen nicht für freie Meinungsäußerung eingesperrt werden. Wenn wir demnach von kontrollierenden Eltern großgezogen wurden, in einem autoritären Regime leben oder aufgrund unseres Geschlechts, der sexuellen Vorlieben, der Religion oder Ethnie diskriminiert wurden, können wir Ängste in Zusammenhang mit der Erfüllung unserer Mangelbedürfnisse entwickeln. In diesem Fall könnte es schwer für uns sein, uns durch die Entwicklungsstufe der Individuation zu bewegen. Unsere Ängste werden uns in den niedrigeren Bewusstseinsebenen festhalten.

Deshalb besteht unsere Aufgabe auf dieser Entwicklungsstufe darin, diese Ängste zu meistern, damit wir nicht mehr von anderen abhängig sind, um Selbstwertgefühl und Sicherheit zu empfinden und unser Überleben zu sichern. Wenn wir diese Ängste nicht auflösen, werden sie in unserem Leben immer wiederkommen und es erschweren, die nächsten drei Entwicklungsstufen zu meistern.

Wir haben noch nicht erkannt, dass wir eine Seele sind und unsere Seele eine Bestimmung für dieses Leben hat. Die Seele braucht uns, um in unserem Leben wirksam und unabhängig zu werden, denn alles, wovon wir abhängig sind, beherrscht uns. Wenn wir von unseren Mangelbedürfnissen beherrscht werden, dann kann sich unsere Seele nicht ausdrücken.

Selbstverwirklichung

Wenn wir die Entwicklungsstufe der Individuation erfolgreich meistern – mit Mitte vierzig, manchmal etwas früher, manchmal etwas später –, spüren wir den Impuls unserer Seele, sich stärker in unserem Leben auszudrücken. Wir spüren die Sehnsucht der Seele nach Selbstausdruck als das Bedürfnis nach Sinn. Wir suchen nach einer Berufung oder Begabung, die der Bestimmung unserer Seele entspricht. Das bedeutet, unsere natürlichen Gaben und Talente freizulegen und sie in die Welt zu bringen.

Für die meisten Menschen beginnt das Finden der eigenen Begabung oder Berufung damit, dass sich bei ihrer Arbeit, in ihrem Job oder in ihrer Karriere ein Gefühl des Unbehagens oder der Langeweile zeigt. Das betrifft die Arbeit, von der sie dachten, dass sie es ihnen ermöglichen würde, sich sicher zu fühlen, weil sie für ein gutes Einkommen sorgt, und die Aussicht auf einen sozialen Aufstieg bietet, der zu mehr Wohlstand, Status und Macht führt.

Das Freilegen unserer Seelenbestimmung bringt nicht nur Lebendigkeit in unser Leben, es entfacht auch unsere Kreativität. Wir werden intuitiver und verbringen mehr Zeit in einem Flow-Zustand; wir sind präsent in dem, was wir tun, und in unserer Arbeit spüren wir Entschlossenheit und Begeisterung.

Das Meistern der Entwicklungsstufe der Selbstverwirklichung kann herausfordernd sein, insbesondere, wenn unsere Begabung oder Berufung weniger Sicherheit bietet, als der Beruf, der Job oder die Karriere, die wir zuvor in unserem Leben verfolgt haben. Wir fühlen uns vielleicht ängstlich oder unsicher bei der Vorstellung, einen neuen Weg einzuschlagen, auf dem wir unsere Rechnungen nicht bezahlen können oder die Ausbildung unserer Kinder nicht finanzieren können, der aber unserem Leben Sinn und Ausrichtung gibt. Deshalb ist es auf dieser Entwicklungsstufe wichtig, dass wir mit unseren Überlebensängsten umgehen können. Wenn wir wissen, dass wir für uns selbst sorgen können, dann finden wir das nötige Selbstvertrauen, um unseren Selbstausdruck zu erforschen. Sollten wir Angst haben, dass wir nicht überleben können, wenn wir das machen, was wir lieben, dann könnten wir unseren Seelenausdruck verweigern. Das führt zu Leiden und Depression.

Einige Menschen finden ihre Berufung schon früh in ihrem Leben, andere entdecken sie erst viel später, und wieder andere suchen ein Leben lang danach. Das Entdecken und Annehmen unserer Seelenbestimmung ist entscheidend wichtig, weil es der Schlüssel zu einem erfüllten Leben ist.

Integration

Wenn wir erfolgreich die Entwicklungsstufe der Individuation durchquert haben und auf der Stufe der Selbstverwirklichung unsere Seelenbestimmung gefunden haben, wenn wir die Fünfziger erreicht haben, wollen wir unsere Gaben und Talente nutzen, um einen Unterschied in der Welt zu bewirken. Dazu müssen wir uns mit anderen verbinden, wir müssen fürsorgliche Beziehungen mit den Menschen schaffen, denen wir helfen wollen und mit denen wir zusammenarbeiten wollen, um unsere Wirkung in der Welt zu nutzen. Die Verbindung mit anderen, die unsere Begeisterung oder unsere Berufung teilen, und mit denjenigen, die von unseren Gaben und Talenten profitieren werden, ist entscheidend wichtig für das Meistern dieser Entwicklungsstufe.

Um uns mit anderen zu verbinden und sie zu unterstützen, müssen wir unsere emotionale Intelligenz und Empathiefähigkeit nutzbar machen. Wir müssen fühlen, was andere fühlen, um ihnen wirklich helfen zu können. Deshalb wird die Entwicklung in der Entwicklungsstufe der Integration stark davon beeinflusst, wie wir die Entwicklungsstufe der Anpassung gemeistert haben.

Wenn wir wissen, dass wir unser Bedürfnis nach Beziehung erfüllen können – und wissen, dass wir liebenswert sind und andere lieben können – spüren wir das Selbstbewusstsein, das wir brauchen, um diese Entwicklungsstufe erfolgreich zu durchlaufen. Zudem müssen wir in der Lage sein, mit anderen zu kooperieren, indem wir ein größeres

Identitätsgefühl annehmen können und uns von der Erfahrung der Unabhängigkeit zur Möglichkeit der wechselseitigen Bezogenheit (Interdependenz) wandeln.

Einige Menschen bleiben auf der Stufe der Selbstverwirklichung so sehr mit sich selbst beschäftigt, dass sie diesen Wandel nicht durchlaufen können. Sie verlieren sich in ihrer Kreativität und konzentrieren sich nur auf ihren Beitrag, statt dem größeren Beitrag, den sie leisten könnten, wenn sie sich mit anderen verbinden könnten. Die Zusammenarbeit mit anderen für das Gemeinwohl, macht es auf dieser Stufe wahrscheinlicher, dass wir ein Gefühl der Erfüllung erfahren, als wenn wir nur allein arbeiten würden.

Dienen

Die letzte Entwicklungsstufe folgt ganz natürlich aus der Stufe der Integration. Ich bezeichne sie als die Entwicklungsstufe des Dienens. Diese Entwicklungsstufe zeigt sich gewöhnlich in den frühen Sechzigern, manchmal etwas früher, manchmal etwas später. Der Fokus dieser Entwicklungsstufe liegt auf dem selbstlosen Dienst in der Gemeinschaft, mit der wir uns identifizieren. Wir spüren den Wunsch der Seele, etwas in der Welt beizutragen.

Wie gut wir die Entwicklungsstufe der Differenzierung gemeistert haben, wird stark beeinflussen, wie gut wir in die Entwicklungsstufe des Dienens hineinwachsen. Ein gesundes Selbstwertgefühl kann uns das Selbstvertrauen geben, unsere Gaben und Talente denen verfügbar zu machen, die sie brauchen.

Es spielt keine Rolle, wie groß oder klein unser Beitrag ist; das Wichtigste ist, dass wir unsere Seelenbestimmung erfüllen. Das Leiden zu lindern, sich um die Benachteiligten zu kümmern und eine bessere Gesellschaft zu gestalten, können Aktivitäten sein, mit denen wir uns in dieser Lebensphase beschäftigen möchten. Andererseits kann unser Beitrag einfach darin bestehen, uns um das Leben einer anderen Seele zu kümmern.

Wenn wir in die Entwicklungsstufe des Dienens eintreten, werden wir bemerken, dass wir introspektiver und nachdenklicher werden – wir suchen nach Wegen, um unser Gefühl der Verbundenheit mit unserer Seele und darüber hinaus mit den tieferen Ebenen unseres Wesens zu vertiefen –, um uns mit dem zu verbinden, was wir als heilig empfinden. Wir werden möglicherweise zum Hüter der Weisheit, ein Ältester einer Gemeinschaft oder ein Mensch, an den sich Jüngere für Rat und Mentoring wenden.

Während wir in dieser Entwicklungsstufe Fortschritte machen, werden wir neue Ebenen des Mitgefühls in unserem Leben entdecken. Wir werden Gefühle des Wohlergehens und der Erfüllung erfahren, die wir bisher nicht kannten. Wir beginnen zu sehen, wie sehr wir alle miteinander verbunden sind und dass wir durch das Geben für andere auch unserem größeren Selbst dienen. Auf dieser Entwicklungsstufe wird das Geben mit dem Empfangen gleichgesetzt. Um diese Gefühle noch tiefer zu erfahren, wollen wir zum Diener unserer Seele werden. Schließlich erkennen wir möglicherweise, dass wir keine Seele haben, sondern dass wir die Seele sind: Wir führen das Leben eines energetischen Wesens im materiellen Bewusstsein.

Zusammenfassung

Die Aufgaben und Bedürfnisse, die wir auf jeder Entwicklungsstufe meistern müssen, werden in der Tabelle 2.1 dargestellt.

Tabelle 2.1: Die Aufgaben und Bedürfnisse, die mit den sieben Stufen der psychologischen Entwicklung verbunden werden.

Entwicklungs-stufe	Alters-spektrum	Aufgabe	Bedürfnis
Dienen	60+ Jahre	Zum Wohlbefinden anderer beitragen	Der Menschheit dienen
Integration	50 – 59 Jahre	In bedingungslos liebevollen Beziehungen verbunden sein	Einen Unterschied in der Welt machen
Selbstverwirklichung	40 – 49 Jahre	Die eigenen Gaben und Talente entdecken und ausdrücken	Sinn und Zweck finden
Individuation	25 – 39 Jahre	Freiheit finden, um zu entdecken, wer wir sind	Eigenständigkeit empfinden
Differenzierung	8 – 24 Jahre	Sich akzeptiert, respektiert und wertgeschätzt fühlen	Selbstwert empfinden
Anpassung	2 – 8 Jahre	Sich sicher, geborgen und geliebt fühlen	Zugehörigkeit empfinden
Überleben	0 – 2 Jahre	Sich körperlich umsorgt und genährt fühlen	Kontrolle über das eigene Leben haben

Unabhängig davon, in welchem Alter wir sind, um zu wachsen und uns zu entwickeln, müssen wir mit den Ängsten und Befürchtungen, die wir bezüglich der Erfüllung unserer Mangelbedürfnisse (Überleben, Geborgenheit und Sicherheit) haben, umgehen können. Wenn wir auf der Entwicklungsstufe der Individuation sind, müssen wir in der Lage sein, mit unserer Angst umgehen können, diejenigen zu verlieren, von denen wir abhängig sind. Denn in dieser Abhängigkeit brauchen wir unsere Eltern und die Gemeinschaft, in der wir aufgewachsen sind, um die Freiheit zu finden, der zu sein, der wir sind, und aus Autonomie zu handeln. Wenn wir von selbstverwirklichten Eltern aufgezogen worden wären, dann wäre dies nicht so ein Problem, weil sie diesen Prozess verstehen.

Auf der Entwicklungsstufe der Selbstverwirklichung, auf der wir die Arbeit finden und verfolgen, für die wir uns begeistern, müssen wir mit unseren Überlebensängsten umgehen können. Wir müssen das Gefühl haben, dass wir die Kontrolle über unser Leben haben und kein Opfer sind. Auf der Entwicklungsstufe der Integration, auf der wir uns mit anderen in Beziehungen bedingungsloser Liebe verbinden, um die Welt zu verändern, müssen wir mit unseren Beziehungsängsten umgehen können. Wir müssen uns ausreichend geliebt fühlen, um sicher genug zu sein, andere zu lieben. Auf der Entwicklungsstufe des Dienens, auf der wir zum Wohlergehen der Gesellschaft beitragen, müssen wir mit den Ängsten bezüglich unseres Selbstwerts umgehen können. Wir müssen selbstbewusst genug sein, um in die Welt zu gehen und unsere Gaben und Talente zum Ausdruck zu bringen. Die Tabelle 2.2 zeigt die Ängste und Gefühle, die uns davon abhalten können, die jeweiligen Entwicklungsstufen zu meistern.

Wir fühlen uns wohl, wenn wir die Bedürfnisse der Entwicklungsstufe, auf der wir uns befinden, erfüllen können. Wir können uns entfalten, wenn wir unseren Sinn und unsere Bestimmung gefunden haben, wenn wir uns mit anderen verbinden können, um in der Welt etwas zu bewirken, und uns selbstbewusst genug fühlen, um zum Wohlergehen der Gemeinschaft beizutragen.[8]

8 https://www.aahv.global/living-your-soul-s-destiny.html

Tabelle 2.2: Die Ängste und Gefühle im Zusammenhang mit dem Meistern der verschiedenen Entwicklungsstufen.

Entwicklungsstufe	Bedenken	Gefühle
Dienen	Mangelndes Vertrauen und Isolation	Ich habe das Gefühl, dass ich meiner Gemeinschaft nichts zu bieten habe.
Integration	Mangelnde Verbundenheit und Einsamkeit	Ich habe das Gefühl, dass ich mit den Menschen um mich herum nichts gemeinsam habe.
Selbstverwirklichung	Mangelnder Sinn/Bestimmung im Leben	Ich fühle mich blockiert darin, meine Gaben und Talente zum Ausdruck zu bringen.
Individuation	Mangelnde Freiheit und Autonomie	Ich fühle mich gefangen und kann keinen Weg finden, ich selbst zu sein.
Differenzierung	Mangelnde Anerkennung in der Gemeinschaft	Ich habe das Gefühl, dass ich nicht dazugehöre. Ich fühle mich unsicher.
Anpassung	Mangelnde Harmonie in den Beziehungen	Ich fühle mich nicht geliebt oder beschützt. Ich fühle mich nicht geborgen.
Überleben	Mangelnde Gesundheit oder mangelndes Einkommen	Ich fühle mich verwundbar. Ich habe nicht das, was ich zum Überleben brauche.

Unsere Werteprioritäten verändern sich je nach Lebensumständen

So wie wir durch das Modell der sieben Entwicklungsstufen herausfinden können, wo wir uns in auf unserem Lebensweg befinden, so können wir durch das Modell der Sieben Bewusstseinsebenen auch bestimmen, wo wir uns in jedem Moment des Tages befinden.

Normalerweise stimmt die Bewusstseinsebene, aus der wir leben, mit der Entwicklungsstufe überein, die wir erreicht haben. Wenn wir aber in eine Situation kommen, die eine unserer limitierenden Überzeugungen über Überleben, Geborgenheit oder Sicherheit triggert, dann fallen wir sofort auf eine der ersten drei Bewusstseinsebenen zurück. Ein Beispiel: Wenn ein 36-Jähriger in der Mitte der Entwicklungsstufe der Individuation seinen Job und seine Ersparnisse verliert, wird er sofort auf die Bewusstseinsebene Überleben fallen, weil er ein Einkommen generieren muss, um seine Grundbedürfnisse zu erfüllen.

Die sieben Ebenen des persönlichen Bewusstseins werden in der Tabelle 2.3 dargestellt. In der ersten Spalte werden die Namen der psychologischen Entwicklungsstufen aufgezählt. Die zweite Spalte benennt die Bewusstseinsebenen, die mit der psychologischen Entwicklungsstufe korrespondiert. Die dritte Spalte zeigt einige der positiven Werte, die wir auf jeder Bewusstseinsebene finden und die vierte Spalte zeigt einige der potenziell limitierenden Werte, die auf den ersten drei Bewusstseinsebenen auftreten können.

Tabelle 2.3: Die positiven und die potenziell limitierenden Werte, die mit den sieben persönlichen Bewusstseinsebenen einhergehen.

Entwicklungsstufe	Bewusstseinsebene	Positive Werte	Potenziell limitierende Werte
Dienen	Service	Mitgefühl, Vergebung, Demut, einen Beitrag leisten, an zukünftige Generationen denken	nicht zutreffend
Integration	Einen Beitrag leisten	Zusammenarbeit, Empathie, Intuition, Mentoring, Partnerschaften, Allianzen	nicht zutreffend
Selbstverwirklichung	Innerer Zusammenhalt	Ehrlichkeit, Vertrauen, Kreativität, Integrität, Authentizität, Sinn, Innere Ausrichtung	nicht zutreffend
Individuation	Transformation	Freiheit, Autonomie, Ergebnisverantwortung, Anpassungsfähigkeit, Mut, Persönlichkeitsentwicklung	nicht zutreffend
Differenzierung	Selbstwert	Anerkennung, positives Selbstbild, Selbstwert, Selbstvertrauen	Arroganz, Stolz, Einbildung, Überheblichkeit
Anpassung	Beziehungen	Geborgenheit, Familie, Freundschaften, Zugehörigkeit, Harmonie	Gemocht werden, Eifersucht, Rache
Überleben	Überleben	Überleben, Gesundheit, körperliche Fitness, Ernährung, finanzielle Stabilität	Kontrolle, Gier, Vorsicht

Ebene 1: Überlebensbewusstsein

In der ersten Ebene des persönlichen Bewusstseins geht es nur um das Überleben. Um zu überleben, brauchen wir saubere Luft, Wasser und gutes Essen, damit unser Körper gesund und fit bleiben kann, und wir müssen uns finanziell sicher fühlen.

Wie wir als Erwachsene mit Situationen umgehen, in denen unser Überleben gefährdet scheint, hängt von den Konditionierungen ab, die wir als Baby entwickelt haben. Wenn es schwierig war, während der Entwicklungsstufe des Überlebens unsere Überlebensbedürfnisse zu befriedigen – unsere Eltern haben uns ignoriert, wenn wir geschrien haben oder wir fühlten uns abgelehnt –, dann sind wir als Erwachsene sehr vorsichtig. Immer, wenn wir einer Herausforderung für unser Überleben begegnen, dann werden unsere auf Angst basierenden limitierenden Überzeugungen aus der Kindheit aktiviert. Wir könnten ängstlich oder emotional verärgert werden. Diese Angst kommt aus dem limitierenden Glaubenssatz, dass wir nicht in der Lage sein werden, unsere Umgebung zu kontrollieren, um unsere Bedürfnisse befriedigen zu können. Wenn unsere Bedürfnisse als Baby aber andererseits immer befriedigt wurden, können wir solche Situationen des Überlebens ohne viel Stress meistern. In diesem Fall fühlen wir uns bei jeder Herausforderung sicher genug, um die Situation zu kontrollieren.

Ebene 2: Beziehungsbewusstsein

Die zweite Ebene des persönlichen Bewusstseins dreht sich um Geborgenheit. Um uns geborgen zu fühlen, müssen wir uns geliebt und beschützt fühlen. Wir müssen uns zugehörig fühlen.

Wie wir als Erwachsene mit Beziehungssituationen umgehen, hängt von den Konditionierungen ab, die wir als Kind entwickelt haben. Wenn es auf der Entwicklungsstufe der Anpassung schwer für uns war, unser Bedürfnis nach Geborgenheit zu erfüllen, werden wir als Erwachsene misstrauisch gegenüber anderen sein. Immer wenn wir eine Herausforderung im Bereich unserer Beziehungen erfahren – wenn wir uns nicht geliebt oder geborgen fühlen – werden unsere auf Angst basierenden limitierenden Überzeugungen aus der Kindheit aktiviert. Wir könnten ängstlich oder emotional verärgert werden. Wenn wir uns andererseits als Kind bedingungslos geliebt und uns immer sicher und geborgen fühlten, können wir solche Herausforderungen im Zusammenhang mit Geborgenheit ohne viel Stress meistern.

Ebene 3: Selbstwert-Bewusstsein

In der dritten Ebene persönlichen Bewusstseins ist das Wichtigste, dass wir uns in unserer Gemeinschaft sicher fühlen. Um uns sicher zu fühlen, müssen wir uns von unseren Gleichaltrigen akzeptiert und respektiert fühlen und von denjenigen in Autoritätspositionen in unserer Gemeinschaft anerkannt werden.

Wie wir als Erwachsene mit Situationen umgehen, in denen unser Selbstwert bedroht scheint, hängt von den Konditionierungen ab, die wir als Teenager entwickelt haben. Wenn es schwierig war, während der Entwicklungsstufe der Differenzierung unser Bedürfnis nach Sicherheit zu erfüllen, dann fehlt es uns als Erwachsene an Selbstvertrauen. Immer, wenn wir einer Herausforderung in Bezug auf unser Selbstvertrauen begegnen – wenn wir uns nicht gut genug fühlen –, dann werden unsere auf Angst basierenden limitierenden Überzeugungen aus der Kindheit aktiviert. Wir könnten ängstlich oder emotional verärgert werden. Wenn wir als Teenager andererseits immer anerkannt und für das, was wir sind, wertgeschätzt wurden – wenn wir uns immer akzeptiert fühlten und gute Beziehungen mit unseren Eltern, Gleichaltrigen und Autoritätspersonen hatten –, werden wir in der Lage sein, Herausforderungen in Bezug auf unsere Sicherheit ohne viel Stress zu meistern.

Ebene 4: Transformationsbewusstsein

In der vierten Ebene des persönlichen Bewusstseins liegt der Fokus darauf, Freiheit und Autonomie zu finden, damit wir entdecken, wer wir jenseits des elterlichen Einflusses und der kulturellen Konditionierung unserer prägenden Jahre sind. Auf dieser Entwicklungsstufe fragen wir uns, (Wer bin ich?) und (Was ist für mich wichtig?). Nur wenn wir diese Fragen beantworten, werden wir unser wahres (Seelen-)Selbst entdecken.

Wenn wir uns vollkommen zum Ausdruck bringen, ohne Angst davor, was andere denken oder sagen mögen – insbesondere unsere Eltern, Freunde, unser Partner/Partnerin und die Autoritätspersonen in unserem Leben –, eröffnet sich uns die Möglichkeit, Entscheidungen zu treffen, die mehr mit unserem Selbst übereinstimmen. Der Gewinn, der mit der Entwicklung dieses Selbstverständnisses und dieses Wissens einhergeht, ist die Fähigkeit mit Integrität zu handeln. Wenn wir entdecken und ausdrücken wer wir sind, dann verstecken wir uns nicht länger hinter einer Fassade. Wir können die Maske unseres Egos (unserer Persönlichkeit) abnehmen und uns nach unserer eigenen Melodie bewegen, nicht nach der Melodie, die uns andere vorgeben.

Um herauszufinden, wer wir sind, werden wir uns in Abenteuer begeben, wir wollen unsere Fähigkeiten und Talente entdecken und verfeinern. Wenn wir mit selbstverwirklichten Eltern in einer liberalen Demokratie aufgewachsen sind, dann haben wir einen Vorteil. Wir werden nur wenig unbewusste limitierende Ängste empfinden und fühlen uns frei, unsere wahre Natur zum Ausdruck zu bringen – die Werte, die tief in unserem Herzen lebendig sind.

Ebene 5: Bewusstsein des inneren Zusammenhalts

Auf der fünften Ebene des persönlichen Bewusstseins geht es darum, einen Sinn in unserem Leben zu finden – die Bestimmung zu finden, für die unsere Seele in diese Welt gekommen ist. Auf dieser Bewusstseinsebene lautet die Frage nicht mehr, (wer bin ich?), sondern (Warum bin ich hier in diesem Körper?) Für die Menschen, die keinen Sinn in ihrem Leben gefunden haben, kann dies eine beängstigende Frage sein. Für andere, die mit einem bestimmten Talent beschenkt wurden, ist der Sinn augenscheinlich.

Wenn Sie nicht genau wissen, was Ihre Bestimmung ist, können Sie sich einfach auf das konzentrieren, was Sie gern und mit Begeisterung tun, und können Ihre Aufmerksamkeit auf das richten, was direkt vor Ihnen liegt. Was immer es ist, tun Sie es so gut Sie können. Oder Sie folgen einfach Ihrer Freude, entwickeln Ihre offensichtlichen Talente und folgen Ihrer Begeisterung.

Viele Menschen finden ihre Bestimmung erst spät in ihrem Leben. Aber wenn sie zurückblicken, erkennen sie, dass alle Wendungen ihres Lebens einen Sinn hatten, um sie darauf vorzubereiten, die Gabe mit anderen zu teilen, mit der sie in diese Welt gekommen sind und ihre wahre Natur ganz zum Ausdruck zu bringen.

Wenn Sie Ihre Bestimmung gefunden haben, dann kann es sich wie etwas Kleines anfühlen oder es kann sich wie etwas Großes anfühlen. Wie dem auch sei, Sie sollten aber erkennen, dass Ihre Seele hier ist, um dieser Bestimmung zu folgen. Wenn Sie den Hinweisen Ihrer Seele folgen, finden Sie ein Gefühl der Bedeutsamkeit und Erfüllung in Ihrem Leben. Ihr Leben wird zu einem Weg der Synchronizität und wird sich ständig vor Ihnen entfalten. Seien Sie sich sicher, wenn Sie Ihre Energie auf die

Bestimmung Ihrer Seele ausrichten, dann werden alle möglichen unerwarteten Ereignisse eintreten, um Sie zu unterstützen.

Wenn Sie Ihre Gaben und Talente, die aus Ihrer Seele stammen, nicht ausdrücken, werden Sie Traurigkeit und Depression erleben. Sie werden sich in ihrer Haut nicht wohl fühlen. Vielleicht spüren Sie Hoffnungslosigkeit. Sie können nicht erklären, was falsch läuft, Sie wissen einfach nur, dass Sie Ihr Potenzial nicht ausschöpfen.

Ebene 6: Bewusstsein, einen Beitrag zu leisen

Auf der sechsten Ebene des persönlichen Bewusstseins geht es darum einen Unterschied in der Welt zu machen, in der Familie, am Arbeitsplatz, in der Gemeinschaft oder Nation, in unserer globalen Gesellschaft.

Wenn Sie als Führungsperson aus dieser Bewusstseinsstufe handeln, werden Sie erkennen, dass Ihre Fähigkeit, Ihre Bestimmung zu erfüllen, sehr stark von Ihrer Fähigkeit abhängt, sich mit anderen zu verbinden und die Arbeit von denjenigen, die Sie unterstützen, zu begleiten. Bewusste Führungskräfte verstehen, dass sie durch andere – ihre Mitarbeiter – etwas in der Welt bewirken können. Je leichter wir uns mit anderen verbinden und uns empathisch in sie einfühlen können, umso leichter wird es sein, unser Schicksal zu erfüllen.

Der Fokus des Bewusstseins, einen Beitrag zu leisten, liegt darin, unsere Energien an unserer Seelenbestimmung auszurichten. Das könnte bedeuten, eine Lebensweise aufzugeben, die uns Komfort, Stabilität und Sicherheit gibt. Es könnte bedeuten, den Wohnort zu wechseln, Freunde aufzugeben oder die finanzielle Sicherheit aufs Spiel zu setzen. Kurz gesagt, es kann Angst machen. Aber Sie sollten es nicht vermeiden. Sie werden niemals inneren Frieden finden und Sie werden keine innere Stabilität erfahren, wenn Sie nicht Ihrer Leidenschaft folgen. Wenn Sie den Hinweisen Ihrer Seele nicht folgen, dann werden Sie sich den Rest Ihres Lebens unerfüllt oder depressiv fühlen oder mit Bedauern leben.

Ebene 7: Bewusstsein des Dienens

Auf der siebten Ebene des persönlichen Bewusstseins konzentrieren wir uns auf den selbstlosen Dienst an der Sache oder der Arbeit, für die wir geboren wurden. Wir erreichen diese Bewusstseinsebene, wenn das Beitrag leisten zu einer Lebensweise wird. Wir sind nun vollkommen von unserer Seelenbestimmung erfüllt und leben das Leben einer von der Seele durchdrungenen Persönlichkeit. Wir können leicht mit Unsicherheit umgehen und nehmen die Möglichkeiten an, die uns begegnen. Wir fühlen, dass wir von unserer Seele geführt werden.

Wenn Sie diese Entwicklungsstufe erreichen, dann könnte es sein, dass Sie Zeit für Stille und Reflexion brauchen. Sie werden die Inspiration suchen, die aus Ihrer Seele aufsteigt, damit Sie Ihre Bestimmung in jedem Augenblick Ihres Lebens leben und atmen können. Sie wissen, dass Sie aus dieser Bewusstseinsebene leben, wenn es nichts mehr für Sie zu tun gibt. Sie werden nicht in Rente gehen wollen, denn das würde Ihren Selbstausdruck verschließen und Ihrem Leben den Sinn entziehen. Was Sie zuvor als Arbeit gesehen haben, wird nun zu Ihrem Spiel. Auf dieser Bewusstseinsebene lassen Sie das Tun durch Ihr Sein fließen.

Bewusstsein für das ganze Spektrum

Wenn wir die späteren Jahre unseres Lebens erreichen, sind wir möglicherweise in der glücklichen Lage, dass wir gelernt haben, wie wir jede psychologische Entwicklungsstufe meistern können – die Bedürfnisse unseres Egos und die Sehnsüchte unserer Seele. Dann sind wir in der Lage, aus einem Bewusstsein für das ganze Spektrum zu leben, das ich als „Full-Spectrum"- Bewusstsein bezeichne. Wenn wir aus einem Bewusstsein für das ganze Spektrum handeln, können wir angemessen und mit innerer Ruhe auf alle Situationen antworten, mit denen uns das Leben konfrontiert – ohne Angst, Ärger oder Sorgen. Menschen, die ein Bewusstsein für das ganze Spektrum erfahren, zeigen die folgenden Merkmale:

Sie meistern ihre Überlebensbedürfnisse, indem sie gesund bleiben und ihr körperliches Überleben sichern, sich um ihre finanzielle Sicherheit kümmern und sich vor Verletzung und Unfällen schützen.

Sie meistern ihr Bedürfnis nach Beziehungen, indem sie Freundschaften und Familienverbindungen aufbauen, die ein Gefühl der Liebe und Zugehörigkeit erzeugen.

Sie meistern ihr Bedürfnis nach Selbstwert, indem sie ein starkes Selbstwertgefühl entwickeln und in allem, was sie tun, verantwortungsbewusst und zuverlässig handeln.

Sie meistern ihr Bedürfnis nach Transformation, indem sie den Mut haben, ihr authentisches Selbst anzunehmen und ihre Werte zu leben. Sie können mit ihren Ängsten, die ihren Blick auf die Mangelbedürfnisse fixieren, umgehen oder sie überwinden.

Sie meistern ihr Bedürfnis nach innerem Zusammenhalt, indem sie die Bestimmung ihrer Seele freilegen und annehmen, ihre Kreativität ausdrücken und dadurch einen Sinn in ihrem Leben finden.

Sie meistern das Bedürfnis, einen Beitrag zu leisten (nach innerem Zusammenhalt), indem sie ihre Bestimmung verwirklichen und ihr Handeln in der Welt wirksam werden lassen, da sie mit anderen in bedingungslosen liebevollen Beziehungen zusammenarbeiten.

Sie meistern ihr Bedürfnis nach Dienen, indem sie ihr Leben ihrer Bestimmung widmen und ein Leben des selbstlosen Dienens führen, das dem Wohl der Menschheit und des Planeten dient.

Auf der tiefsten Ebene unseres Wesens teilen wir alle die gleichen universellen Werte

Oberflächlich betrachtet, sehen wir alle unterschiedlich aus, kleiden uns verschieden und verhalten uns anders als andere. Wir haben unterschiedliche ethnische Merkmale, wir folgen verschiedenen Religionen, wir kommen aus unterschiedlichen Kulturen mit verschiedenen Traditionen und wir vertreten andere Weltsichten.

Aber auf der tiefsten Ebene unseres Wesens sind wir alle gleich: Wir teilen alle die gleichen Hoffnungen und Sehnsüchte, weil wir alle auf dem gleichen Weg sind. Wir alle teilen die gleichen Werte, weil wir alle die gleichen menschlichen Bedürfnisse haben.

Hinter der Fassade unserer körperlichen Merkmale und unserer kulturellen Herkunft sind wir energetische Seelen, die eine menschlich verkörperte Erfahrung machen. Wir versuchen, die gleichen Lektionen zu lernen: wie wir überleben können, uns geborgen und sicher fühlen können – wie wir also die Bedürfnisse unseres Egos befriedigen können. Wir wollen Freiheit und Autonomie finden, um die zu sein, die wir wirklich sind. Wir wollen unsere einzigartigen Gaben und Talente zum Ausdruck bringen und wir wollen uns mit anderen in Beziehungen bedingungsloser Liebe verbinden, um in der Welt zu wirken. Und wir wollen lernen, wie wir unsere Gaben und Talente nutzen können, um zum Wohl der Menschheit beizutragen – also die Sehnsüchte unserer Seele zu erfüllen.

Der Unterschied zwischen den Bedürfnissen des Egos und den Sehnsüchten der Seele besteht darin, dass uns das Ego ermöglicht, uns im körperlichen und kulturellen Rahmen unserer Existenz zu verankern: wir können überleben, fühlen uns geborgen und sicher. Die Seele aber ermöglicht es uns, uns selbst als das, was wir auf der tiefsten Ebene unseres Wesens sind, zum Ausdruck zu bringen: Wir finden unsere natürlichen Gaben und Talente und wirken dadurch in der Welt durch den Beitrag, den wir in der Gesellschaft leisten können.

Die Seele hat drei primäre Motivationen: Selbstausdruck, Verbindung und Mitwirken. Selbstausdruck bedeutet, der Kreativität der Seele zu erlauben, durch unser Wesen zu strömen, indem wir uns selbst vollkommen zum Ausdruck bringen. Aus der Sicht des Egos bedeutet das, einen Sinn und eine Bestimmung im Leben zu finden. Wenn wir den Sinn und unsere Bestimmung gefunden haben – wenn wir es wagen, unsere innewohnenden Gaben und Talente zum Ausdruck zu bringen –, will die Seele diese Gaben und Talente nutzen. Aus der Sicht des Egos bedeutet das, in der Welt zu wirken. Um in der Welt zu wirken, müssen wir uns mit anderen in bedingungslosen, liebevollen Beziehungen verbinden. Wenn wir Schwierigkeiten damit haben, uns zu verbinden, dann könnte es schwierig für uns sein, in der Welt zu wirken. Wenn wir gelernt haben, wie wir uns verbinden können, dann wollen wir nur noch Dienen – wir wollen zum Wohl der Menschheit und des Planeten beitragen.

Nur wenn wir gelernt haben, wie wir unsere innewohnenden Gaben und Talente zum Ausdruck bringen können – die Handlungen, die Begeisterung und Freude in unser Leben bringen – und dann gelernt haben, wie wir uns mit anderen verbinden können, sind wir in der Lage, wirklich in der Welt zu wirken. Somit können wir drei Arten von Seelenwerten unterscheiden:

- Werte, die den Selbstausdruck unterstützen, wie Kreativität, Begeisterung und Authentizität.
- Werte, die Verbindung unterstützen, wie Empathie, Kooperation und Zusammenarbeit.
- Werte, die einen Beitrag leisten unterstützen, wie Dienen, Mitgefühl und Fokus auf künftige Generationen.

Wenn wir einem anderen Menschen etwas geben, dann ist es aus Sicht der Seele so, als würden wir uns selbst etwas geben. Wenn wir uns um die Bedürfnisse anderer kümmern, dann kümmern wir uns um unsere eigenen Bedürfnisse. Wenn wir uns mit anderen verbinden, dann verbinden wir uns mit einem anderen Aspekt von uns selbst. Das Verhalten, das aus dieser Philosophie folgt, bildet den Kern der Goldenen Regel, die wir in jeder Religion wiederfinden. Dies sind drei Formulierungen, die diese Goldene Regel zum Ausdruck bringen:

- Behandle andere so, wie du selbst von ihnen behandelt werden willst.
- Behandle andere nicht so, wie du selbst nicht behandelt werden möchtest.
- Was du dir für dich selbst wünschst, das wünsche dir auch für andere.

Werte vereinen und Überzeugungen trennen

Was uns voneinander trennt, sind nicht unsere Werte; das Trennende sind unsere Glaubenssätze und Überzeugungen – die Vorstellungen, die wir im kulturellen Bezugsrahmen unserer Existenz in den ersten 24 Jahren unseres Lebens gelernt haben. Diese Überzeugungen geben uns eine Identität – sie zeigen uns, wie wir uns von anderen Menschen unterscheiden. Erst wenn wir zur Entwicklungsstufe der Individuation gelangen, erkennen wir unsere gemeinsame Menschlichkeit. Wenn wir uns individualisieren, dann basiert unsere Entscheidungsfindung nicht mehr auf unseren Überzeugungen, sondern auf unseren Werten. Wenn wir unsere kulturellen Konditionierungen loslassen, dann entdecken wir, dass wir alle die gleichen Werte teilen.

Wenn wir nie außerhalb unseres Heimatlandes gereist sind und keine höhere Bildung erhalten haben – wenn wir also niemals Menschen aus einer anderen sozialen Klasse, einer anderen Ethnie, mit anderer Religion oder Nationalität getroffen haben –, dann sind wir wahrscheinlich mit Überzeugungen aufgewachsen, die unsere kulturelle Herkunft widerspiegelt. In diesem Fall wird es schwer für uns sein, Menschen aus anderen sozialen Klassen, mit anderer Ethnie, anderer Religion oder Nationalität zu akzeptieren. Es wird schwer für uns sein, jemandem zu vertrauen, der anders aussieht oder sich anders verhält. Unsere Überzeugungen führen zu Trennung. Nur wenn wir individueller werden und uns selbst verwirklichen, werden wir in der Lage sein, uns mit anderen Menschen zu verbinden, weil wir auf diesen Bewusstseinsebenen alle die gleichen Werte teilen.

3 Die Essenz der Werteentwicklung in Organisationen

Dies sind die acht wichtigsten Dinge, die ich über die Werteentwicklung in Organisationen gelernt habe:

- Um erfolgreich zu sein, müssen Sie Ihre Mitarbeiter bei der Erfüllung ihrer Bedürfnisse unterstützen.
- Unternehmenskultur ist der Wettbewerbsvorteil.
- Organisationen verändern sich nicht, nur Menschen verändern sich.
- Um die Unternehmenskultur zu gestalten, muss sie gemessen werden.
- Regelmäßige Monitoring-Fragebögen sind notwendig, wenn Sie es mit der Transformation der Kultur in der Organisation ernst meinen.
- Um eine starke Unternehmenskultur aufzubauen, müssen die Führungskräfte eine Atmosphäre des Vertrauens schaffen.
- Die Organisation sollte ein vertrauensvolles Mitglied der Gesellschaft werden.
- Die fünf Anforderungen für evolutionäre Führungskräfte.

Um erfolgreich zu sein, müssen Sie Ihre Mitarbeiter bei der Erfüllung ihrer Bedürfnisse unterstützen

Jeder Einzelne in einer Organisation, vom Arbeiter in der Produktion bis zum CEO, hat Bedürfnisse. Die Bedürfnisse der Menschen sind ein Ausdruck der psychologischen Entwicklungsstufe, auf der sie sich befinden, und der unerfüllten Bedürfnisse, die sie von früheren Entwicklungsstufen in sich tragen und noch nicht gemeistert haben. Was immer wir brauchen, ist das, was wir wertschätzen.

Denken Sie einmal darüber nach, was Sie heute in Ihrem Arbeitsleben mehr als alles andere brauchen. Was immer es ist, das ist es, was Sie wertschätzen.

Wenn Mitarbeiter das Gefühl haben, dass sich die Organisation um ihre Bedürfnisse kümmert – um das, was sie wertschätzen –, dann engagieren sie sich für das Unternehmen. Wenn sie solch ein Engagement aufbringen und sich für die Organisation verantwortlich fühlen, dann bringen sie ihr ganzes Selbst in die Arbeit ein. Und nicht nur das, sie geben einen bedeutsamen Anteil ihrer verfügbaren Energie dafür, die Organisation erfolgreich zu machen. Wenn wir also eine Organisation mit einer starken Leistungskraft aufbauen wollen, müssen wir eine Kultur schaffen, in der wir uns um die Bedürfnisse der Mitarbeiter kümmern.

Wenn in der Organisation vor allem junge Menschen (unter 25 Jahre) arbeiten, werden sie sich auf das Erreichen von Karrierezielen konzentrieren, sie wollen Respekt und Anerkennung von ihren Managern. Wenn Mitarbeiter zwischen 25 und 39 Jahre alt sind, dann wollen sie Freiheit und Autonomie, um ihre Fähigkeiten und Talente zu erproben – sie wollen herausfinden, worin sie gut sind, was sie gern tun und was sie ungern tun. Wenn die Mitarbeiter in ihren Vierzigern sind, dann wollen sie ihren Sinn und ihre Bestimmung finden. Sie wollen durch ihre Arbeit ihre Begeisterung und Kreativität zum Ausdruck bringen. Wenn die Mitarbeiter in ihren Fünfzigern sind, dann wollen sie Gelegenheiten, sich mit anderen zu verbinden, um etwas in der Welt zu bewirken. Wenn die Mitarbeiter um die Sechzig sind, dann wollen sie Möglichkeiten, zum Wohlergehen anderer beitragen zu können.

Zusätzlich zu Respekt, Anerkennung, Freiheit und Autonomie wollen viele junge Mitarbeiter heute eine Arbeit, die ihnen das Gefühl gibt, dass sie in der Welt etwas bewegen können. Sie leben in einer global vernetzten Welt; nationale, ethnische und religiöse Unterschiede sind ihnen nicht wichtig. Sie handeln möglicherweise lokal, aber ihre Weltsicht ist global.

Die Bedürfnisse, die ich für die verschiedenen Altersgruppen angegeben habe, gelten allgemein gesprochen für Wissensarbeiter – Menschen mit höherer Bildung, die in der Welt gereist sind und über ein Einkommen verfügen, das es ihnen ermöglicht, ihre Bedürfnisse nach Überleben, Geborgenheit und Sicherheit zu erfüllen. Dies sind vor allem die Menschen, die durch die Entwicklungsstufen der Individuation oder Selbstverwirklichung gegangen sind.

Für ungelernte Arbeitnehmer, Arbeiter oder solche, die kirchliche Dienste verrichten – Menschen, die keine höhere Bildung erhalten haben und aufgrund ihrer Lebensumstände nicht die Gelegenheit hatten zu reisen (und nicht die Entwicklungsstufen der Individuation oder Selbstverwirklichung erreicht haben), wird sich ihr Fokus, ungeachtet ihres Alters auf die Erfüllung ihrer Bedürfnisse nach Überleben, Geborgenheit und Sicherheit konzentrieren. Sie werden nach Folgendem suchen: a) eine Bezahlung und Sozialleistungen, mit denen sie ihre Familie ernähren können, b) eine freundliche, gesellige Arbeitsatmosphäre und c) Möglichkeiten, um ihre Fähigkeiten zu entwickeln um ihre Berufschancen zu verbessern. Sie sind auch an bezahlten Überstunden interessiert und möchten Boni oder Belohnungen für die Erfüllung von Produktionszielen.

In dieser Gruppe werden auch Menschen sein, die wachsen und sich entwickeln wollen: Menschen, die sich auf die Stufen der Individuation oder Selbstverwirklichung entwickeln wollen. In der Organisation sollten diese Menschen identifiziert werden, um ihre Bedürfnisse anzuerkennen und ihnen Gelegenheiten zu geben, ihre berufliche *und* persönliche Entwicklung zu verfolgen.[9]

Unternehmenskultur ist der Wettbewerbsvorteil

Im Jahre 1997, als ich das Barrett Values Centre gründete, sah ich bereits voraus, dass Unternehmenskultur das Differenzierungsmerkmal im Wettbewerb werden würde. Fünfzehn Jahre veröffentlichten Firmen wie Deloitte, Ernst & Young und PricewaterhouseCoopers Berichte, die etwas ähnliches erklärten:

- Laut Ernst & Young erreichten 55 % der 350 Unternehmen, die unter dem Financial Times Stock Exchange Index gelistet sind, eine zehnprozentige Steigerung ihrer Profite durch ihre Investition in die Unternehmenskultur. Insgesamt erklärten 92 % der Vorstandsmitglieder dieser Unternehmen, dass ein Fokus auf die Kultur ihre finanzielle Leistung verbessert habe.[10]
- Laut der Deloitte wurde Kultur zu einem der wichtigsten Wirtschaftsthemen im Jahre 2016. CEO und HR Führungskräfte erkennen heute, dass die Kultur das Verhalten der Mitarbeiter, die Innovation und den Kundenservice bestimmt: 82 % der Deloitte-Umfrageteilnehmer glauben, dass „Kultur ein potenzieller Wettbewerbsvorteil ist".[11]
- Laut PricewaterhouseCoopers (PwC) sind 84% der Führungskräfte davon überzeugt, dass die Kultur für den Erfolg ihres Unternehmens entscheidend ist. 60% von ihnen glauben, dass die Kultur wichtiger ist als ihre Strategie oder ihr Geschäftsmodell.[12]

---

9 Richard Barrett, *The Values-Driven Organization: Cultural Health and Employee Well-Being as a Pathway to Sustainable Performance*. London: Routledge, 2017.

10 https://go.ey.com/2J4KnFr

11 Global Human Capital Trends 2016. The new organization: Different by design, Deloitte University Press, S. 37.

12 http://pwc.to/2s3JGQO

Wenn die Kultur so wichtig für den Erfolg einer Organisation ist, dann ist es äußerst wichtig, zu verstehen, wie eine Kultur geschaffen wird und wie sie gemessen werden kann.[13]

Organisationen verändern sich nicht, nur Menschen verändern sich

Die Kultur einer Organisation ist eine Spiegelbild der Werte und Überzeugungen der aktuellen Führungskräfte der Organisation und das institutionelle Erbe der Werte und Überzeugungen der ehemaligen Führenden, die in den Strukturen, Strategien, Prozessen und Anreizen der Organisation institutionalisiert wurden. Wenn wir also eine Organisation verändern wollen, dann müssen Sie entweder Ihre Führungskräfte ändern oder Ihre Führungskräfte verändern sich selbst. Zudem müssen Sie sicherstellen, dass die Strukturen, Verfahren, Prozesse und Anreize die Werte und Überzeugungen reflektieren, die der Kultur entsprechen, die Sie schaffen wollen, und nicht die Werte und Überzeugungen ehemaliger Führungskräfte.

Das bedeutet, die Transformation einer Organisation beginnt mit der persönlichen Transformation der Führenden. Wenn die Führungskräfte nicht durch eine Transformation gehen, dann wird sich auch die Organisation nicht transformieren und die Kultur wird gleichbleiben.

Um die Unternehmenskultur zu gestalten, muss sie gemessen werden

Wie kann die Kultur einer Organisation gemessen werden? Die Antwort auf diese Frage ist relativ einfach: Mit der Durchführung eines Kulturellen Werte-Assessments. Dies ist recht einfach mit den Cultural Transformation Tools® des Barrett Values Centre möglich.[14] Das Assessment, das man in etwa zehn Minuten ausfüllen kann, stellt den Mitarbeitern drei Fragen:

- Bitte wählen Sie 10 der folgenden Werte/Verhaltensweisen, die am treffendsten beschreiben, wer Sie sind. (Persönliche Werte)

---

13 Siehe den Artikel und das Video des *Daily Telegraph* unter: http://bit.ly/2w6KFFI.

14 Die Cultural Transformation Tools finden Sie unter: https://changemanagement.biz/ctt.

- Bitte wählen Sie 10 der folgenden Werte/Verhaltensweisen, die nach Ihrer Ansicht Ihre Organisation zur Zeit am besten beschreiben. (Aktuelle Kultur)
- Bitte wählen Sie 10 der folgenden Werte/Verhaltensweisen, die nach Ihrer Ansicht für Ihre Organisation entscheidend sind, um ihr höchstes Potenzial zu erreichen. (Gewünschte Kultur)

Für jede Frage wählen die Mitarbeiter zehn Werte/Verhaltensweisen aus einer Liste mit 80 bis 90 Werten/Verhaltensweisen, die an die Organisation angepasst wurden. Jeder Werte/jede Verhaltensweise gehört zu einer bestimmten Bewusstseinsebene.

Wenn Sie das Ergebnis der Top Ten Werte (die mit den meisten Stimmen) für die Persönlichen Werte sehen, dann wissen Sie, welche Bedürfnisse die Mitarbeiter haben und aus welchen Bewusstseinsebenen sie arbeiten. Wenn Sie die Top Ten Werte der Aktuellen Kultur sehen, dann kennen Sie die Werte, die aktuell gelebt werden, und die Bewusstseinsebenen, aus denen die Organisation arbeitet. Wenn Sie die Top Ten Werte der Gewünschten Kultur betrachten, dann wissen Sie, welche Werte die Mitarbeiter für die Organisation für wichtig halten, welchen Fokus und auf welchen Bewusstseinsebenen sich die Organisation ihrer Meinung nach ausrichten sollte.

Im Folgenden gebe ich zwei Beispiele: Das erste Beispiel zeigt die Ergebnisse eines Kulturellen Werte-Assessments für eine Organisation mit niedriger Leistung und das zweite Beispiel zeigt die Ergebnisse eines Kulturellen Werte-Assessments für eine Organisation mit hoher Leistung.

Eine Organisation mit niedriger Leistung

Die Abbildung 3.1 zeigt eine Darstellung der zehn wichtigsten Persönli chen Werte, der Top Ten Werte der Aktuellen Kultur und der Gewünschten Kultur einer Organisation mit 80 Mitarbeitern. Das Diagramm stellt die Sieben Bewusstseinsebenen dar, wobei das Überlebensbewusstsein ganz unten steht und das dienende Bewusstsein ganz oben, mit dem Transformationsbewusstsein in der Mitte.

Jeder Punkt auf dem Diagramm repräsentiert einen der zehn wichtigsten Werte, die von den Mitarbeitern gewählt wurden. Ein (L) hinter einem Wert bedeutet, dass dies ein potenziell limitierender Wert ist.

Positive Werte werden als schattierte Punkte gezeigt, und potenziell limitierende Werte als weiße Punkte.

Aus der Verteilung der Top Ten Werte der Persönlichen Werte, der Aktuellen und der Gewünschten Kultur auf dem Diagramm geht hervor, dass es eine bedeutsame Abweichung im Bewusstsein zwischen den Persönlichen Werten der Mitarbeiter (der Fokus liegt auf der Ebene 5 – Innerer Zusammenhalt), der Aktuellen Kultur (der Fokus liegt auf Ebene 1 – Überleben und Ebene 2 – Beziehungen) und der gewünschten Kultur (der Fokus liegt auf Ebene 4 – Transformation und Ebene 2 – Beziehungen). Es gibt keine Übereinstimmung zwischen den Persönlichen Werten und der Aktuellen Kultur und nur eine Übereinstimmung in den Werten der Aktuellen und der Gewünschten Kultur: Ergebnisverantwortung. In einer Organisation mit hoher Leistung würden wir erwarten, dass es zwei oder drei Übereinstimmungen zwischen den Persönlichen Werten und den Werten der Aktuellen Kultur gibt und fünf oder sechs Übereinstimmungen zwischen den Werten der Aktuellen und der Gewünschten Kultur.

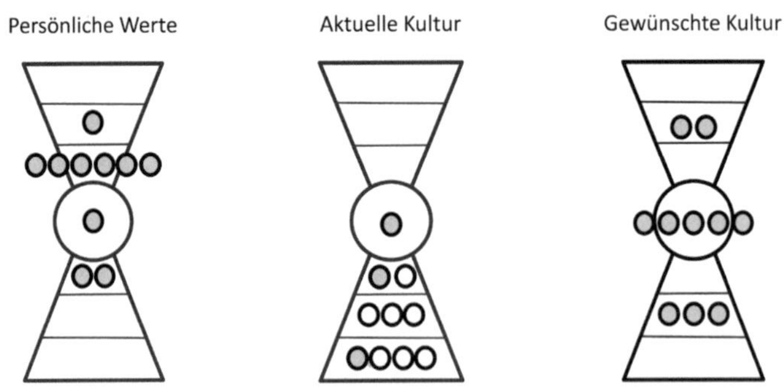

Persönliche Werte	
1. Einsatzbereitschaft/ Engagement	39
2. Ehrlichkeit	33
3. Etwas bewirken	31
4. Positive Grundhaltung	29
5. Leistungsorientierung	27
6. Humor/Spaß	27
7. Integrität	27
8. Fairness	26
9. Leistung	26
10. Initiative	23

Aktuelle Kultur	
1. Kostenreduzierung (L)	64
2. Gewinn	40
3. Ergebnisorientierung	36
4. Vorwürfe machen (L)	34
5. Fordernd (L)	32
6. Lange Arbeitszeit (L)	29
7. Ergebnisverantwortung	27
8. Arbeitsplatzunsicherheit (L)	26
9. Mangel an Wertschätzung (L)	25
10. Kontrolle (L)	25

Gewünschte Kultur	
1. Kontinuierliche Verbesserung	40
2. Kundenzufriedenheit	36
3. Ergebnisverantwortung	29
4. Fördern und entwickeln	28
5. Führungskräfteentwicklung	26
6. Teamarbeit	23
7. Offene Kommunikation	22
8. Anpassungsfähigkeit	21
9. Mitarbeiter anerkennen	21
10. Informationen teilen	21

Abb. 3.1: Werte-Assessment für eine Organisation mit niedriger Leistung.

Typisch an dieser Werteverteilung, die wir häufig in Organisationen mit niedriger Leistung vorfinden, ist eine signifikante Anzahl potenziell limitierender Werte in der Aktuellen Kultur und eine Konzentration von Werten auf der Ebene der Transformation in der Gewünschten Kultur. Einige der Werte, die auf der Ebene der Transformation zum Ausdruck gebracht werden, sind die Lösungen für die Probleme (die potenziell limitierenden Werte) auf den Ebenen 1, 2 und 3 in der Aktuellen Kultur.

Der Wert für die Kulturelle Entropie ist in dieser Organisation recht hoch bei 48 % und ist gleichmäßig auf die Ebene 1 – Überleben (18 %), Ebene 2 – Beziehungen (16 %) und Ebene 3 – Selbstwert (14 %) verteilt. Wir messen die Kulturelle Entropie, indem wir alle Stimmen für potenziell limitierende Werte, die von den Mitarbeitern gewählt wurden, zusammenzählen. Dieser Wert wird als Prozentsatz zu allen abgegebenen Stimmen angegeben.

Kulturelle Entropie ist ein Maß für die interne Dysfunktion in einem Unternehmen; sie repräsentiert das Maß an Energie, das für unproduktive Aktivitäten aufgewendet wird. Die häufigste Ursache für Kulturelle Entropie ist die Persönliche Entropie der Führenden und Manager. Der Kehrwert des Messergebnisses für die Kulturelle Entropie ist ein Indikator für Kulturelle Gesundheit. Somit hat diese Organisation beispielsweise einen Kulturellen Gesundheitsindex von 52 %.

Die Tabelle 3.1 zeigt die wichtigsten Wertesprünge in diesem Assessment. Ein Wertesprung liegt vor, wenn die Anzahl der Stimmen für einen Wert in der Aktuellen Kultur in der Gewünschten Kultur zunimmt.

Tabelle 3.1: Wertesprünge einer Organisation mit niedriger Leistung

Werte	**Aktuelle Kultur (Anzahl der Stimmen)**	**Gewünschte Kultur (Anzahl der Stimmen)**	**Wertesprünge**
Fördern und Entwickeln	1	28	27
Kundenzufriedenheit	15	36	21
Mitarbeiter anerkennen	0	21	21
kontinuierliche Verbesserung	21	40	19
Offene Kommunikation	21	40	19
Informationen teilen	4	21	17
Führungskräfteentwicklung	10	26	16
Ermächtigung	3	19	16

Aus dieser Tabelle können wir entnehmen, dass das zentrale Thema dieser Organisation die Qualität der Führung ist. Zu den wichtigsten Wertesprüngen gehören Fördern und Entwickeln, Mitarbeiter anerkennen, Offene Kommunikation, Informationen teilen, Führungskräfteentwicklung und Ermächtigung. Auch die kontinuierliche Verbesserung wird von den Mitarbeitern als sehr wichtig erachtet.

Wie sich diese Organisation weiterentwickeln kann

Der hohe Wert der Kulturellen Entropie und die sieben potenziell limitierenden Werte, die sich in den wichtigsten Werten der Aktuellen Kultur zeigen, sind ein klares Zeichen für eine schlechte Leistung. Der Fokus auf das Endergebnis (Kostenreduzierung) hat in diesem Unternehmen dazu geführt, dass es sich völlig auf die internen Belange konzentriert – deshalb sehen wir, dass die Kundenzufriedenheit nicht zu den zehn wichtigsten Werten der Aktuellen Kultur gehört, aber der zweitwichtigste Wert der Gewünschten Kultur ist. Zudem zählen zu den Werten der Gewünschten Kultur fünf positive Beziehungswerte (Ergebnisverantwortung, Offene Kommunikation, Fördern und Entwickeln, Teamarbeit und Mitarbeiter anerkennen). Diese Werte sind eine Reaktion (ein Gegengewicht) auf die vier potenziell limitierenden Beziehungswerte in der Aktuellen Kultur (Vorwürfe machen, Fordernd, Mangel an Wertschätzung und Kontrolle).

Die Führungskräfte dieser Organisation lassen ihr Verhalten von ihren Ängsten bestimmen. Vorwürfe machen, Fordernd, Lange Arbeitszeit, Kostenreduzierung und Kontrolle sind alles Anzeichen dafür, dass die persönliche Entropie des Führungsteams die Kultur der Organisation beeinflusst. Als Folge dessen hat das Unternehmen seine Orientierung verloren. Die Organisation konzentriert sich auf Gewinn, aber nicht auf die Kunden. Zudem kümmert sich das Unternehmen nicht um seine Mitarbeiter – ein Mangel an Wertschätzung und Arbeitsplatzunsicherheit sind potenzielle limitierende Werte, die sich in der Aktuellen Kultur zeigen.

Die Werte für die Gewünschte Kultur zeigen den Weg nach vorn: Fördern und Entwickeln, Führungskräfteentwicklung, Offene Kommunikation, Mitarbeiter anerkennen und Informationen teilen sind allesamt Werte der Gewünschten Kultur, die nicht unter den zehn wichtigsten Werten der Aktuellen Kultur sind und die sehr hohe Wertesprünge darstellen. Auf diese Werte muss sich das Führungsteam konzentrieren, wenn es dieses Unternehmen verändern will.

Eine Organisation mit hoher Leistung

Die Abbildung 3.2 zeigt die Werteverteilung der zehn wichtigsten Persönlichen Werte, der Werte der Aktuellen Kultur und der Gewünschten Kultur in einer Organisation mit 16 Mitarbeitern. Aus der Verteilung der zehn wichtigsten Persönlichen Werte, der Werte der Aktuellen Kultur und der Werte der Gewünschten Kultur auf den Diagrammen können wir ersehen, dass es eine signifikante Übereinstimmung zwischen den Persönlichen Werten der Mitarbeiter, den Werten der Aktuellen Kultur und den Werten der Gewünschten Kultur gibt – in allen Fällen konzentrieren sich die Werte auf die Ebene 4 (Transformation), die Ebene 5 (Innerer Zusammenhalt) und die Ebene 6 (Einen Beitrag leisten). Es gibt vier übereinstimmende Werte zwischen den Persönlichen Werten und den Werten der Aktuellen Kultur und sieben übereinstimmende Werte zwischen der Aktuellen und der Gewünschten Kultur. In die Listen der Persönlichen Werte und der Werte der Aktuellen Kultur habe ich nur neun Werte aufgenommen, weil es mehrere Werte gab, die vier beziehungsweise sieben Mal gewählt wurden.

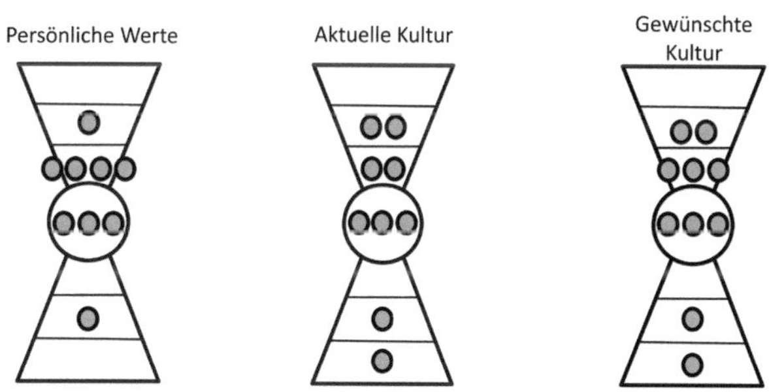

Persönliche Werte	
1. Etwas bewirken	10
2. Familie	9
3. **Einsatzbereitschaft/ Engagement**	8
4. Humor/Spaß	8
5. (ausgewogenes) Verhältnis zwischen Berufs- und Privatleben	8
6. **Kontinuierliches Lernen**	6
7. Integrität	6
8. Ergebnisverantwortung	5
9. Kreativität	5

Aktuelle Kultur	
1. **Einsatzbereitschaft/ Engagement**	12
2. **Kontinuierliche Verbesserung**	10
3. Mitarbeiterverwirklichung	10
4. (ausgewogenes) Verhältnis zwischen Berufs- und Privatleben	9
5. **Kundenzufriedenheit**	9
6. Etwas bewirken	9
7. Finanzielle Sicherheit	8
8. Humor/Spaß	8
9. **Teamarbeit**	8

Gewünschte Kultur	
1. Ergebnisverantwortung	9
2. **Einsatzbereitschaft/ Engagement**	8
3. **Kontinuierliche Verbesserung**	8
4. Mitarbeiterverwirklichung	8
5. Humor/Spaß	8
6. Gemeinsame Vision	8
7. Zusammenarbeit mit Kunden	7
8. **Kundenzufriedenheit**	6
9. Finanzielle Sicherheit	6
10. **Teamarbeit**	6

Abb. 3.2: Werte-Assessment für eine Organisation mit hoher Leistung.

Der Kulturelle Gesundheitsindex für diese Organisation liegt bei 98 % (der Wert für die Kulturelle Entropie liegt bei 2 %). Dies ist ein extrem hoher Wert für Kulturelle Gesundheit und zeigt, dass die Mitarbeiter sehr engagiert sind. Aus diesen Ergebnissen können wir schlussfolgern, dass die Mitarbeiter mit Autonomie arbeiten können, dass sie Sinn und Bestimmung in ihrer Arbeit finden und das Gefühl haben, dass sie in der Welt etwas bewirken. Aus der Werteverteilung wird deutlich, dass es eine starke Verbindung mit der Organisation (Einsatzbereitschaft) gibt und dass die Arbeit den Menschen Spaß macht (Humor/Spaß).

Die Tabelle 3.2 zeigt die wichtigsten Wertesprünge. Obwohl die Organisation ein hohes Maß an kultureller Gesundheit besitzt und die Wertesprünge recht klein sind, gibt es eine klare Botschaft von den Mitarbeitern: Die Führenden sollten ein größeres Augenmerk auf Ergebnisverantwortung, Gemeinsame Vision, Innovation, Fördern und Entwickeln und Führungskräfteentwicklung legen.

Tabelle 3.2: Wertesprünge einer Organisation mit hoher Leistung.

Werte	**Aktuellen Kultur (Anzahl der Stimmen)**	**Gewünschten Kultur (Anzahl der Stimmen)**	**Wertesprünge**
Ergebnisverantwortung	4	9	5
Gemeinsame Vision	4	8	4
Innovation	1	5	4
Fördern und Entwickeln	0	4	4
Führungskräfteentwicklung	0	4	4

Der Weg in die Zukunft für dieses Unternehmen

Der hohe Wert für die kulturelle Gesundheit und die hohe Anzahl übereinstimmender Persönlicher Werte und Werte der Aktuellen Kultur und übereinstimmender Werte in der Aktuellen und Gewünschten Kultur deuten darauf hin, dass die Führenden dieses Unternehmens auf dem richtigen Weg sind. Es wäre noch wichtig, an mehr Ergebnisverantwortung im Unternehmen zu arbeiten und es sollte mehr auf die Gemeinsame Vision, Innovation, Fördern und Entwickeln und Führungskräfteentwicklung geachtet werden.

Wenn man so gute Ergebnisse erreicht, ist es bedeutsam, sich nicht darauf auszuruhen. Denn wenn wir unsere Aufmerksamkeit nicht länger auf die Kultur richten, können sich limitierende Werte einschleichen. Als Führungskräfte müssen wir gute Gärtner sein und die Werte unserer Kultur ständig beobachten und nähren.

Regelmäßige Umfragen zum Monitoring sind notwendig, wenn Sie es mit der Transformation der Kultur in der Organisation ernst meinen

Als 2003 Tom Boardman Geschäftsführer der Nedbank wurde, ging es mit dem Unternehmen bergab.[15] Eine große Kapitalspritze war nötig, um es am Leben zu erhalten. Tom organisierte einige Workshops mit dem leitenden Führungsteam, um in einem Brainstorming eine neue strategische Ausrichtung zu finden, bei der auch Schlüsselbereiche und Kernwerte identifiziert werden sollten, auf die man sich konzentrieren wollte. Zwei Jahre später begann man bei der Nedbank damit, durch Monitoring die Werte zu beobachten. Im Jahre 2005 betrug der Wert für Kulturelle Entropie 25 % und es gab nur drei Übereinstimmungen bei den Werten der Aktuellen und der Gewünschten Kultur.

Durch die Berücksichtigung der Ergebnisse ihrer Cultural Values Assessments gelang es der Nedbank, den Wert der Cultural Entropie über vier Jahre auf 19 %, 17 %, 14 % und schließlich 13 % senken. In der gleichen Zeit stieg die Anzahl der Übereinstimmungen der Werte der Aktuellen und der Gewünschten Kultur auf sechs. Während dieser Zeit stieg die Produktivität (Pro-Kopf-Einkommen), und auch das Engagement der Mitarbeiter ist nun auf einem konstant hohen Niveau. Ähnliche Erfolgsgeschichten können Sie in 25 verschiedenen Fallstudien nachlesen, die auf der Webseite des Barrett Values Centre zu finden sind.[16]

---

15 Die Tom-Boardman-Story finden Sie unter: http://bit.ly/2t2ILV5

16 Fallstudien unter: http://bit.ly/1VqB7Md

Um eine starke Unternehmenskultur aufzubauen, müssen die Führungskräfte ein Klima des Vertrauens schaffen

Vertrauen ist der Schlüssel, um eine leistungsstarke Kultur zu schaffen. Vertrauen beginnt ganz oben. Die Führenden müssen in der Lage sein, einander zu vertrauen und die Mitarbeiter müssen in der Lage sein, ihren Führungskräften zu vertrauen. Vertrauen schafft inneren Zusammenhalt, fördert die Kulturelle Gesundheit (verringert den Wert der Kulturellen Entropie) und ermöglicht es der Organisation, starke Partnerschaften zu entwickeln.

Der Prozess des Aufbaus des inneren Zusammenhalts beginnt mit dem Führungsteam. Das Führungsteam kann als ein kulturelles Fraktal der ganzen Organisation verstanden werden. Wenn es im Führungsteam keinen inneren Zusammenhalt gibt, wird es auch in der restlichen Organisation keinen inneren Zusammenhalt geben. Die einzige Möglichkeit, in einem Führungsteam inneren Zusammenhalt zu entwickeln, ist die Schaffung eines vertrauensvollen Klimas.[17]

Führungskräfte entwickeln Vertrauen, wenn sie in Übereinstimmung mit ihren tiefsten Werten leben. Deshalb ist die wichtigste Anforderung für Führende, dass sie wissen, wie sie sich selbst führen können – ihre unbewussten Ängste meistern, damit sie mit Integrität leben können.[18]

Führende, die wissen, wie sie sich selbst führen können, arbeiten mit einer geringen persönlichen Entropie. Um die Werteunterschiede zwischen Führungskräften mit hoher oder niedriger Entropie zu verstehen, haben wir die Ergebnisse von 128 Leadership Development Reports[19] mit Führungskräften aus 18 Ländern und 28 Branchen[20] analysiert. Die Daten wurden in fünf persönliche Entropiebänder aufgeteilt (< 6 %, 7–10 %, 11–15 %, 16–20 % und ≥ 21 %).

Die Abbildung 3.3 zeigt die zehn wichtigsten Werte, die am häufigsten bei Führenden beobachtet wurden, die im niedrigen Entropiebereich (< 6 %) und im hohen Entropiebereich (≥ 21 %) arbeiten. Jeder schat-

---

17 Siehe den Anhang 10 (Die Vertrauensmatrix) in *Werteorientierte Unternehmensführung: Cultural Transformation Tools für Performance und Profit* (SpringerGabler: Berlin Heidelberg), 2016.

18 Siehe die Webseite des The New Leadership Paradigm: https://bit.ly/2FIgDMw

19 Mehr Informationen unter: https://changemanagement.biz/connected-leadership

20 Angstfreie Führungskräfte: https://bit.ly/322Z43d.

tierte Punkt repräsentiert einen der Werte, die unter dem Diagramm aufgelistet sind – die grauen Punkte stehen für positive Werte, die weißen Punkte repräsentieren potenziell limitierende Werte. Die Bewusstseinsebene jedes Wertes wird in Klammern angegeben.

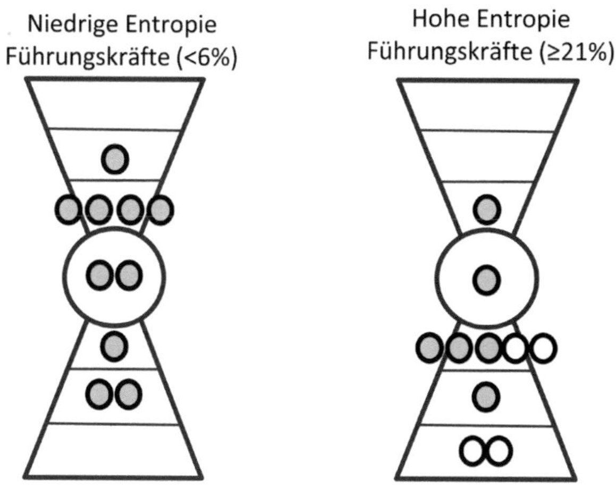

Positive Grundhaltung (5)
Zugänglich (2)
Ehrgeizig (3)
Einsatzbereitschaft/Engagement (5)
Humor/Spaß (5)
Ausrichtung an Zielen (4)
Ist offen für neue Ideen (4)
Kollaboratives Arbeiten (6)
Kommunikationsfähigkeiten (2)
Begeisterung (5)

Einsatzbereitschaft/Engagement (5)
Hat Kenntnisse über das Unternehmen/ die Branche (3)
Kontrollierend (L) (1)
Fordernd (L) (2)
Zugänglich (2)
Ehrgeizig (3)
Lange Arbeitszeit (L) (3)
Analytische Denkweise (3)
Achtet auf Details (3)
Autoritär (L) (1)

Abb. 3.3: Die Werte, die mit hoher oder niedriger Persönlicher Entropie einhergehen.

Es gibt drei übereinstimmende Werte bei Führungskräften mit niedriger und hoher Entropie: Einsatzbereitschaft/Engagement, Zugänglich und Ehrgeiz. Führungskräfte mit hoher Entropie zeigen vier potenziell limitierende Werte: Kontrollierend, Fordernd, Lange Arbeitszeit und Autoritär. Führungskräfte mit niedriger Entropie zeigen keine potenziell limitierenden Werte. Führende mit hoher Entropie haben den Eindruck, dass sie kontrollieren, fordern und ihre Macht autoritär einsetzen müssen, um zu bekommen, was sie wollen. Sie arbeiten oft sehr lange. Führungskräfte mit niedriger Entropie erreichen Höchstleistung, indem sie kollaborativ zusammenarbeiten, offen bleiben für neue Ideen, gut kommunizieren, Humor und Spaß in ihr Tun einbringen, begeistert sind über ihre Arbeit und eine positive Haltung beibehalten.

Wenn wir die Verteilung der Werte bei Führenden mit niedriger Entropie mit den „Werten der Menschheit" vergleichen, wie sie in der Abbildung 1.1 gezeigt werden, dann bemerken wir, dass die Profile sehr ähnlich sind: in beiden Fällen gibt es eine signifikante Anzahl von Werten, die sich auf die Ebenen 5 und 2 konzentrieren. Dies legt nahe, dass Führende mit niedriger Entropie dazu neigen, aus den gleichen Bewusstseinsebenen zu leben, wie die Menschheit im Allgemeinen.

Die Organisation sollte ein vertrauensvolles Mitglied der Gesellschaft werden

Wenn eine Organisation im 21. Jahrhundert erfolgreich sein will, muss sie zu einem vertrauensvollen Mitglied unserer globalen Gesellschaft werden und die Führungskräfte müssen werteorientiert werden.[21] Das ist nicht nur notwendig, um einen Wettbewerbsvorteil gegenüber den Mitbewerbern zu erhalten, sondern auch, um die Investitionen zu schützen, die in das eigene Unternehmen getätigt wurden und um die Resilienz des Unternehmens zu stärken. Es ist wichtig zu erkennen, dass die Wirtschaft eine hundertprozentige Tochtergesellschaft der Gesellschaft ist, dass die Gesellschaft eine hundertprozentige Tochtergesellschaft der Umwelt ist. Wenn die Umwelt zerstört wird, wird auch die Gesellschaft zerstört, und wenn die Gesellschaft scheitert, dann scheitern auch unsere Unternehmen und unsere Wirtschaft.[22]

Das Wissen um diese Verbindung zwischen gesellschaftlichem Wohlergehen und wirtschaftlichem Erfolg ist heute weit verbreitet. Als Folge dessen gehen viele Führungskräfte über die kurzsichtige Tyrannei des Marktes hinaus und wenden sich der langfristigen Nachhaltigkeit zu. Sie richten die Werte ihres Unternehmens an den nachhaltigen Entwicklungszielen der Vereinten Nationen aus.[23]

---

21 Richard Barrett, *The Values-Driven Organization: Cultural Health and Employee Well-being as a Pathway to Sustainable Performance* (2. Auflage). London: Routledge, 2017

22 Richard Barrett, *The New Leadership Paradigm*. Bath: Fulfilling Books, 2010

23 http://www.bmz.de/de/themen/2030_agenda/index.html

Die fünf Anforderungen für evolutionäre Führungskräfte

Um eine evolutionäre Führungskraft zu werden, müssen Führende fünf Kompetenzen entwickeln: Anpassungsfähigkeit, Kontinuierliches Lernen, die Fähigkeit zur Bindung, Kooperationsfähigkeit und die Fähigkeit zur Zusammenarbeit und die Fähigkeit, mit Komplexität umzugehen. Wenn wir diese Kompetenzen meistern, dann haben wir alle Fertigkeiten, um in einer volatilen, unsicheren, komplexen und mehrdeutigen Welt (VUCA: Volatile, Unsecure, Complex, Ambigious) erfolgreich zu sein.[24]

Das Interessante an diesen fünf Kompetenzen ist, dass sie im Zentrum der Evolution stehen. Die Evolution hätte sich nicht entfaltet, wenn Lebewesen nicht mit diesen fünf Kompetenzen umgehen könnten.[25]

Anpassungsfähigkeit

Anpassungsfähigkeit ist für den Erfolg entscheidend wichtig. Es ist ein Wert der Ebene 4. Wir müssen in der Lage sein, uns an die Zeit anzupassen, dem Flow zu folgen und im Augenblick zu leben, wenn wir überleben und erfolgreich sein wollen. Zwei Kompetenzen unterstützen die Anpassungsfähigkeit: Agilität und Resilienz. Wir müssen agil sein, wenn wir in einer VUCA Welt überleben wollen und wir müssen auch resilient sein. Wir müssen die Stärke entwickeln, Rückschlägen standzuhalten, und nicht aufgeben, wenn es schwierig wird. Wir müssen uns ständig transformieren. Transformation ist etwas anderes als Veränderung. Veränderung bedeutet, dass wir anders handeln, Transformation fordert von uns, dass wir einen neuen und höheren Ausdruck unseres Selbst entwickeln – dass wir aus einer höheren Bewusstseinsebene leben.

Kontinuierliches Lernen

In den ersten 24 Jahren unseres Lebens geht es vor allem um ein „neu entstehendes Lernen", weil jede neue Erfahrung, die wir machen, zur Bildung unseres persönlichen Systems von Überzeugungen beiträgt.

---

24 Die Abkürzung VUCA wurde zuerst im US Army War College benutzt, um den Zustand der Welt nach dem Ende des Kalten Krieges zu beschreiben. Dieser Ausdruck wurde zunehmend übernommen, um die Qualitäten zu beschreiben, die für strategische Führung in unserer modernen Welt nötig sind.

25 Für eine Erklärung der allgemeinen Stufen der Evolution siehe Richard Barrett, *The New Leadership Paradigm*. Bath: Fulfilling Books, 2010.

Es ist ein Wert der Ebene 4. Wer wir sind, wenn wir erwachsen werden, ist das Ergebnis der Überzeugungen, die wir erlernt haben, während unser Reptilien-Gehirn, unser limbisches System und unser Neocortex – und das dazugehörige Bewusstsein – gewachsen sind und sich entwickelt haben.

Wenn die ersten 24 Jahre unseres Lebens herausfordernd waren – wenn wir ums Überleben gekämpft haben, uns nicht geliebt fühlten und unsere Erfolge nicht von unseren Eltern oder von den Gleichaltrigen anerkannt wurden – dann haben wir wahrscheinlich einige limitierende Überzeugungen entwickelt. Diese werden unser zukünftiges Lernen blockieren. Wir werden so sehr damit beschäftigt sein, unsere Mangelbedürfnisse zu befriedigen, dass wir nicht in der Lage sein werden, uns in die Individuation und Selbstverwirklichung zu entwickeln. Wir müssen unsere selbstkritischen Gedanken aufgeben und unsere limitierenden Glaubenssysteme überwinden, wenn wir weiterwachsen und uns entwickeln wollen. Wir müssen das kontinuierliche Lernen als Lebensweise annehmen, wenn wir eine evolutionäre Führungsperson sein wollen.

Die Fähigkeit zur Bindung

Es gibt ein bekanntes Sprichwort: *Wenn du schnell vorwärts kommen willst, dann geh alleine, wenn du weit gehen willst, dann gehe zusammen.* Um zusammen weit gehen zu können, müssen wir Bindungen eingehen. Bindungen ermöglichen es uns nicht nur, weit zu gehen, sondern auch sicher zu gehen, denn die Bindung mit anderen verstärkt die Resilienz aller. Es gibt zwei Voraussetzungen für die Bindung: geteilte Werte und eine gemeinsame Vision. Alle müssen die gleichen Ideale teilen und müssen in die gleiche Richtung gehen wollen, wenn wir weit und sicher gehen wollen. Die Fähigkeit, Bindungen einzugehen, ist ein Wert der Ebene 5.

Kooperationsfähigkeit

Wenn die Gruppe, mit der wir uns verbunden haben, einem Hindernis begegnet, das die Gruppe davon abhält, weiterzugehen, dann müssen wir lernen, mit anderen Gruppen zu kooperieren, die in die gleiche Richtung gehen und den gleichen Hindernissen gegenüberstehen. Zusammen sind wir möglicherweise in der Lage, die Hindernisse im Weg nach vorn zu überwinden. Genauso wie die Bindung verstärkt auch die

Kooperation die Resilienz der Gemeinschaft. Manchmal ist Kooperation so effektiv, dass Gruppen, die erfolgreich kooperiert haben, eine dauerhafte Entität höherer Ordnung bilden. Die Kooperationsfähigkeit ist ein Wert der Ebene 6.

Die Fähigkeit, mit Komplexität umzugehen

Anders als die anderen vier Kompetenzen ist die Fähigkeit, mit Komplexität umzugehen, in hohem Maße vom Alter abhängig. Wir können unsere Anpassungsfähigkeit, unser kontinuierliches Lernen, unsere Fähigkeiten, Bindungen einzugehen und zu kooperieren, in fast jedem Alter entwickeln, aber unsere Fähigkeit, mit Komplexität umzugehen, entfaltet sich üblicherweise erst im Erwachsenenalter. Je mehr Erfahrungen wir machen, desto mehr Wissen erlangen wir; je mehr wir unsere Weisheit entwickeln, desto besser können wir mit Komplexität umgehen. Mit der Weisheit kommt auch die Fähigkeit, das Ganze zu sehen. Um sich in der Komplexität zurechtzufinden, ist es wichtig, dieses Ganze zu erkennen. Der einzige Weg dazu ist, die eigene Identität und das eigene Bewusstsein zu erweitern. Unsere Fähigkeit, mit Komplexität umzugehen, verstärkt sich, wenn wir durch die höheren Entwicklungsstufen gehen.

4 Die Essenz der Werteentwicklung in der Gesellschaft

Die sechs wichtigsten Dinge, die ich über Werte in meinem gesellschaftlichen Leben gelernt habe.

- Wir wachsen in psychologischen Entwicklungsstufen, wir handeln aus Bewusstseinsebenen und wir leben innerhalb von Weltsichten.
- Die kollektiven Ebenen der psychologischen Entwicklung sind ein Spiegel der individuellen psychologischen Entwicklungsstufen.
- Die vorherrschende Weltsicht einer Gemeinschaft/Nation ist eine Reflexion der Bewusstseinsebene der Gemeinschaft/Nation.
- Wir können den inneren Zusammenhalt (die Stabilität der Weltsicht einer Nation) messen, indem wir ein Nationales Werte-Assessment durchführen.
- Langfristige Werte-Assessments bieten die Möglichkeit, Veränderungen im sozialen Zusammenhalt von Nationen zu erfassen.
- Die Evolution des menschlichen Bewusstseins hängt davon ab, dass die Führenden jeder Gemeinschaft und Nation die Bedingungen schaffen, die ihre Bürger darin unterstützen, die Bedürfnisse der psychologischen Entwicklungsstufe zu erfüllen, auf der sie sich befinden.

Stufen, Ebenen, Weltsichten

Jeder Mensch entwickelt sich durch psychologische Entwicklungsstufen hindurch, handelt auf Bewusstseinsebenen und lebt innerhalb einer Weltsicht, die ein Spiegel der kollektiven psychologischen Entwicklungsstufe ist, welche die Gemeinschaft/Nation, in die sie hineingeboren (und in der sie leben), erreicht hat.[26] Jede Weltsicht beruht auf einer Reihe von Werten, die eine Reflexion der existenziellen Bedürfnisse der Menschen sind.

Seitdem sich vor etwa 200.000 Jahren die ersten Menschen entwickelten, hat unsere Spezies sechs kollektive psychologische Entwicklungsstufen durchlaufen, von denen jede eine spezifische Weltsicht hat. Die kollektiven psychologischen Entwicklungsstufen können nach Ebenen

26 Die sieben psychologischen Entwicklungsstufen und die Sieben Bewusstseinsebenen habe ich im Kapitel 2 beschrieben.

der Identität/des Bewusstseins kategorisiert werden – was mit der zunehmenden Größe der menschlichen Gruppenstrukturen einhergeht.

Die sechs Ebenen von Identität/Bewusstsein und der Hauptfokus jeder Weltsicht werden in der Tabelle 4.1 dargestellt. Die drei schattierten oberen Reihen der Tabelle zeigen die neuen Ebenen von Identität/Bewusstsein – kollektive psychologische Entwicklungsstufen, die beeinflussen, wie Gemeinschaften und Nationen in den zukünftigen Jahrzehnten und Jahrhunderten arbeiten werden.[27] Obwohl es keine Nationen gibt, die von diesen Entwicklungsstufen leben, gibt es einige Gemeinschaften und Individuen, die aus den Ebenen von Menschheits- und Erd-Bewusstsein handeln.

Die erste Spalte der Tabelle 4.1 listet die Ebenen von Identität/Bewusstsein auf. Die zweite Spalte beschreibt den Fokus der Weltsicht, die mit jeder Ebene von Identität/Bewusstsein einhergeht. Die dritte Spalte zeigt den ungefähren Zeitpunkt, zu dem jede dieser Weltsichten zum ersten Mal auftrat. Die vierte Spalte zeigt die Farbkodierung, die Ken Wilber vorschlägt.[28]

Tabelle 4.1: Die Ebenen von Identität/Bewusstsein und der Fokus der Weltsichten.

Ebene von Identität/ Bewusstsein	Fokus der Weltsicht	Erstes Auftreten	Farbkodierung
Einheits-Bewusstsein	Dienen durch Beitrag und Mitgefühl	k. A.	Indigo
Erd-Bewusstsein	Einen Beitrag leisten durch Verbindung und Empathie	k. A.	Türkis
Menschheitsbewusstsein	Sinn durch Selbstausdruck und Kreativität	k. A.	Petrol
Menschen-Bewusstsein	Freiheit durch Gleichheit und Gerechtigkeit	19. Jahrhundert	Grün
Welt-Bewusstsein	Sicherheit durch Wohlstand und Wissen	16. Jahrhundert	Orange

→

27 Die Struktur dieses Modells basiert auf der Arbeit von Clare Graves, wie sie von D. E. Beck und C. C. Gowan in Spiral Dynamics: *Leadership, Werte und Wandel* (Bielefeld: Kamphausen, 2007) dargestellt wird.

28 Siehe: http://bit.ly/2i5bVwx

Ebene von Identität/ Bewusstsein	Fokus der Weltsicht	Erstes Auftreten	Farb-kodierung
Nationen-Bewusstsein	Sicherheit durch Autorität und Bildung	6. Jahrhundert	Bernstein
Staats-Bewusstsein	Sicherheit durch Macht und Stärke	4.000 v. Chr.	Rot
Stammes-Bewusstsein	Geborgenheit durch Zugehörigkeit und Loyalität	10.000 v. Chr.	Magenta
Clan-Bewusstsein	Überleben durch Teilen und Fürsorglichkeit	Früher als 10.000 v. Chr.	Infrarot

k. A. = keine Angabe: zeigt sich in Individuen, aber noch nicht in ausreichendem Maße in Gemeinschaften/Nationen.

Die Daten, wann jede Weltsicht (Ebene von Identität/Bewusstsein) zum ersten Mal auftrat, bezieht sich auf spezifische Perioden der Geschichte und besondere Orte. Man geht davon aus, dass das Clan-Bewusstsein und das Stammes-Bewusstsein zum ersten Mal in Afrika unterhalb der Sahara entstanden. Das Staats-Bewusstsein zeigt sich zum ersten Mal in Nordafrika, im Nahen Osten und Zentralasien und das Nationen-, Welt- und Menschen-Bewusstsein entstand zum ersten Mal in Westeuropa. In anderen Teilen der Welt, wie Nord- und Südamerika und Asien zeigte sich der Fortschritt vom Clan-Bewusstsein zum Stammes-Bewusstsein und zum Staats-Bewusstsein viel später oder erfolgte gar nicht. Dafür gibt es Gründe, die ich in meinem bald erscheinenden Buch *Evolutionary Dynamics* erkläre. Der nun folgende Abschnitt gibt eine kurze Beschreibung der Merkmale und Werte, die mit jeder Ebene von Identität/Bewusstsein (Weltsicht) einhergehen.

Die kollektiven psychologischen Entwicklungsstufen sind ein Spiegel der individuellen psychologischen Entwicklungsstufen

Meiner Ansicht nach spiegeln die kollektiven psychologischen Entwicklungsstufen die individuellen psychologischen Entwicklungsstufen. Mit anderen Worten, der Aspekt der Werte für jede Stufe unserer kollektiven psychologischen Entwicklung ist eine direkte Reflexion des Werteaspekts jeder individuellen psychologischen Entwicklungsstufe. Deshalb ist das Wertesystem der Menschen, die in einem Clan-Bewusstsein leben – Überleben durch Teilen und Wechselseitigkeit – dem

Wertesystem ähnlich, das ein Baby während der Entwicklungsstufe des Überlebens umgibt.

In gleicher Weise ähnelt das Wertesystem von Gemeinschaften, die im Stammes-Bewusstsein leben – Geborgenheit durch Zugehörigkeit und Loyalität – dem Wertesystem, das junge Menschen auf der Entwicklungsstufe der Anpassung umgibt. Wir können auch sehen, dass das Wertesystem von Gemeinschaften, die im Staats-, Nationen- und Welt-Bewusstsein leben, dem von Teenagern und jungen Erwachsenen in den drei möglichen Teilstadien der Entwicklungsstufe der Differenzierung ähnelt.

Zudem ähnelt das Wertesystem von Gemeinschaften, die in einem Menschen-Bewusstsein leben, dem Wertesystem von Menschen auf der Entwicklungsstufe der Individuation und das Wertesystem von Gemeinschaften, die im Menschheits-Bewusstsein leben, ähnelt dem Wertesystem von Menschen auf der Entwicklungsstufe der Selbstverwirklichung. Mit einem Blick in die Zukunft können wir sagen, dass die Wertesysteme von Gemeinschaften, die im Erd-Bewusstsein und im Einheits-Bewusstsein leben, dem Wertesystem von Menschen ähneln, die auf den Entwicklungsstufen der Integration und des Dienens leben.

Neben der Nutzung des Modells der sieben psychologischen Entwicklungsstufen für die Beschreibung unserer individuellen Entwicklung im Laufe des Lebens, können wir das gleiche Modell anwenden, um die psychologische Entwicklung unserer Spezies zu beschreiben. Dieser Zusammenhang wird in der Tabelle 4.2 dargestellt.

Tabelle 4.2: Der Zusammenhang zwischen Ebenen von Identität/ Bewusstsein und individuellen psychologischen Entwicklungsstufen.

Ebene von Identität/ Bewusstsein	Fokus der Weltsicht	Individuelle psychologische Entwicklungsstufe
Einheits-Bewusstsein	Dienen durch Beitrag und Mitgefühl	Dienen
Erd-Bewusstsein	Einen Beitrag leisten durch Verbindung und Empathie	Integration
Menschheits-bewusstsein	Sinn durch Selbstausdruck und Kreativität	Selbstverwirklichung
Menschen-Bewusstsein	Freiheit durch Gleichheit und Gerechtigkeit	Individuation

→

Ebene von Identität/ Bewusstsein	Fokus der Weltsicht	Individuelle psychologische Entwicklungsstufe
Welt-Bewusstsein	Sicherheit durch Wohlstand und Wissen	Differenzierung
Nationen-Bewusstsein	Sicherheit durch Autorität und Bildung	Differenzierung
Staats-Bewusstsein	Sicherheit durch Macht und Stärke	Differenzierung
Stammes-Bewusstsein	Geborgenheit durch Zugehörigkeit und Loyalität	Anpassung
Clan-Bewusstsein	Überleben durch Teilen und Fürsorglichkeit	Überleben

Wenn wir davon ausgehen, dass unsere kollektive psychologische Entwicklung ein Spiegel unserer individuellen psychologischen Entwicklung ist, können wir sagen, dass die Spitze (die Cutting Edge) unserer kollektiven menschlichen Reise heute der Übergang vom Menschen-Bewusstsein (Entwicklungsstufe der Individuation – Freiheit finden) zum Menschheits-Bewusstsein (Entwicklungsstufe der Selbstverwirklichung – Sinn finden) ist.[29]

Im folgenden Abschnitt werden die Weltsichten beschrieben, die mit jeder Ebene von Identität/Bewusstsein einhergehen. Bei jeder Weltsicht werde ich erklären, wie und wo sie entstanden ist, und werde die vorherrschende Kosmologie[30] beschreiben und aufzeigen, wo jede Weltsicht heute zum Ausdruck kommt und wie sie mit den individuellen psychologischen Entwicklungsstufen zusammenhängt.

29 In diesem Zusammenhang ist der Text *The Rise of the Meaningful Economy* von Mark Drewell und Björn Larsson von der Foresight Group, der im Vorwort erwähnt wird, besonders relevant. Den Text finden Sie unter: www.foresight.se

30 Kosmologie: Eine Kosmologie erklärt unseren Platz im Universum. Sie beschreibt den Ursprung und die Struktur unserer materiellen Welt, unsere Beziehung zu anderen Ebenen der Existenz und, was am wichtigsten ist, wie wir uns verhalten sollten, um uns mit dem verbinden zu können, was auch immer wir für den „göttlichen" Schöpfer oder „göttliche" Quelle empfinden.

Clan-Bewusstsein: Überleben durch Teilen und Wechselseitigkeit

Ursprünge

Wenn wir davon ausgehen, dass die Spezies Homo sapiens zuerst vor etwa 200.000 Jahren erschien, dann verbrachten wir 95 % der Lebenszeit unserer Spezies im Clan-Bewusstsein. Jeder Homo sapiens, der vor 12.000 Jahren oder früher geboren wurde (vor 10.000 v. u. Z.), lebte im Clan-Bewusstsein und folgte durch Teilen und Wechselseitigkeit der Weltsicht des Überlebens.

Während dieser frühen Zeit der menschlichen Geschichte identifizierten sich die Menschen mit kleinen nomadischen oder halb-nomadischen Gruppen mit 20 bis 30 Mitgliedern aus vier oder fünf miteinander verwandten Familien. Diese Clans überlebten durch Jagen und Sammeln. Sie formten wechselseitig unterstützende Beziehungen mit anderen Clans, die in der gleichen Umgebung lebten. Sie hatten nur wenige Besitztümer – vor allem die Werkzeuge, die sie zum Überleben brauchten. Die Praxis der Wechselseitigkeit, insbesondere das Teilen der Nahrung, war eine Verhaltensweise, die das Überleben aller sicherte. Im Clan-Bewusstsein gab es keine kulturelle Trennung und Kriege waren unbekannt.

Die Führung war situativ. Beide Geschlechter nahmen an der Entscheidungsfindung teil, entsprechend den Anforderungen der jeweiligen Situation und der Erfahrung, dem Wissen und den Fähigkeiten der Clan-Mitglieder. Männer und Frauen erfüllten verschiedene Aufgaben, die ihrer körperlichen Stärke und der Verantwortung für das Gebären und Erziehen der Kinder entsprachen. Männer gingen auf die Jagd, die Frauen sammelten Beeren und Früchte. Die Männer erlangten Wissen über das Verhalten der Tiere und die Frauen entdeckten die Heilkräfte der Pflanzen.

Es gab keine formellen Clan-Regeln. Aber es gab Übereinkünfte über die Handlungsbereiche für Männer und Frauen, die Unterstützung, die man einander in der Sippe gab, und die Art und Weise, wie die Nahrung verteilt wurde. Der Verstoß gegen diese Übereinkünfte war kein Verbrechen, sondern eher eine Peinlichkeit. Das Verhalten der Menschen wurde durch sozialen Druck, Tadel und Spott kontrolliert. Es gab kein Gefühl für persönlichen Besitz und keine Gebietsansprüche.

Die Kosmologie des Clan-Bewusstseins

Die Jäger und Sammler sahen ihre physische Umwelt als ihr Zuhause an: Die Erde war ihre „heilige" Mutter. Die Welt, in der sie lebten, war ihre Schule und die Natur war ihr Lehrer. Für sie war alles beseelt, auch sie selbst. Alles war miteinander verbunden – es gab keine Trennung. Leben und Tod wurden als ein Kontinuum gesehen. Schamanische Praktiken konzentrierten sich auf die Gesundheit und das Wohlergehen der Seelen der Clan-Mitglieder – Schamanen wirken in der Geister-Welt (dem Energiefeld), was zu Veränderungen (Heilung) in der materiellen Welt führt. Sie wirken als Boten zwischen der Geister-Welt und der menschlichen Welt.

Wie die Weltsicht des Clan-Bewusstseins heute zum Ausdruck kommt

Es gibt nur noch wenige Menschen auf unserem Planeten, die aus einem Clan-Bewusstsein leben. Sie leben vor allem in den abgelegenen Dschungeln des Amazonasgebiets, in Papua Neuguinea und Afrika und in den Gemeinschaften der Aborigines Australiens.

Einige Leute gehen davon aus, dass man die Weltsicht des Stammes-Bewusstseins unter heutigen Obdachlosen findet. Mir erscheint diese Analogie irreführend. Viele Menschen leben auf der Straße, weil sie mentale Probleme haben; es ist nicht ihre Schuld, dass es für sie schwierig ist, ihren Platz im modernen sozialen Bezugssystem zu finden. Andere sind obdachlos, weil sie diese Lebensweise frei gewählt haben, für sie ist es eine Form der Rebellion gegen unsere moderne Gesellschaft. Andere sind „Reisende", Mitglieder der ethnischen Gruppe, die als Sinti und Roma bekannt ist, die ursprünglich aus den nördlichen Regionen Indiens stammt. Keine dieser Gruppen obdachloser Menschen teilt die Kosmologie des Clan-Bewusstseins. Sie leben nicht in einer Geister-Welt und führen keine Heilungen mittels schamanischer Praktiken durch. Aber Menschen in diesen Gruppen greifen zwischenzeitlich auf Grundinstinkte zurück, um zu überleben. Ich glaube, nur in diesem Sinne handeln sie ähnlich wie die Menschen, die im Clan-Bewusstsein leben.

Zusammenhänge mit der individuellen psychologischen Entwicklungsstufe

Die Weltsicht des Clan-Bewusstseins korrespondiert mit der individuellen psychologischen Entwicklungsstufe des Überlebens. Auf dieser Entwicklungsstufe lebt der Fötus und später das neugeborene Baby in einer Welt ohne Trennung; was immer es fühlt, empfindet es als Erweiterung des eigenen Selbst. Alles ist verbunden. Das Baby lebt zum großen Teil noch im Seelen-Bewusstsein. Alle Entscheidungen sind instinktiv und konzentrieren sich auf das Überleben. So wie die Mitglieder eines Clans kann das Baby nicht ohne das Teilen und die Fürsorge innerhalb der Sippe überleben.

Stammes-Bewusstsein: Geborgenheit durch Zugehörigkeit und Loyalität

Ursprünge

Die zweite Weltsicht, die in der Menschheitsgeschichte entstanden ist – Geborgenheit durch Zugehörigkeit und Loyalität – bezeichne ich als Stammes-Bewusstsein. Diese Weltsicht entstand zuerst vor 12.000, als sich die Clans vergrößerten und sich in kleinen Dörfern ansiedelten. Die Menschen überlebten durch Ackerbau und Viehzucht. In der Weltsicht des Stammes-Bewusstseins identifizierten sich die Menschen mit einer ethnischen Gruppe von einigen hundert bis einigen tausend Menschen, die in einem bestimmten Gebiet lebten.

Jeder Stamm hatte seine eigene Sprache, seine Rituale und körperlichen Schmuckelemente (Bekleidungsregeln). Alles, was man (besaß), gehörte dem Stamm. Kollektive Aggression war in dieser Weltsicht hauptsächlich auf Rivalitäten innerhalb der Gruppe beschränkt, die sich als gelegentliches Gefecht oder Raubzug erwiesen. Der Schutz der Nahrungsreserven, des Viehs und des Territoriums vor Angriffen anderer Stämme waren für das Überleben entscheidend wichtig. Aber Kriegsführung, wie wir sie heute kennen, war unbekannt. In der Weltsicht des Stammes-Bewusstseins sind die Menschen bereit, ihr Leben für das Wohl des Stammes zu opfern.

Die Weltsicht der Geborgenheit durch Zugehörigkeit und Loyalität macht es erforderlich, dass sich alle an die Regeln des Stammes halten. Alles befindet sich im Besitz des Stammes und alles wird geteilt – was immer der Einzelne (besitzt), gehört allen anderen im Stamm. Das Stammes-Bewusstsein lebt nach den Prinzipien von „Ubuntu" – der Glaube an eine universelle Verbundenheit des Teilens, die oft so übersetzt wird: (Ich bin, weil du bist.) Ubuntu unterstreicht die Idee der Wechselseitigkeit in der Weltsicht des Stammes-Bewusstseins. Man kann darauf vertrauen, dass einen die Angehörigen des eigenen Stammes schützen werden, aber man kann nicht den Angehörigen anderer Stämme vertrauen.

Zeremonien und Übergangsriten stärken, unterstützen und stabilisieren die Verbindung der Menschen zum Stamm. Niemandem wird erlaubt, sich herauszuheben und anders zu sein: die Individualität wird unterdrückt. Mitglieder, die die ungeschriebenen Regeln des Stammes brechen, werden durch öffentliche Beschämung getadelt und bestraft. Bevor dieser Regelbruch vergeben wird, ist eine Entschuldigung und Wiedergutmachung nötig. Frauen haben den gleichen Staus wie Männer und es gibt keinen Unterschied in Ansehen oder Wohlstand. Die Älteren werden respektiert, weil sie als Hüter der Stammesweisheit gelten.

Die Anführer, die aus einem Stammes-Bewusstsein handeln, werden als Häuptlinge oder Große Männer bezeichnet. Ein großer Mann ist ein sehr einflussreicher Mensch, der in der Überzeugungskraft geübt ist. Er bietet seinen Untergebenen Schutz als Gegenwert für Geschenke (meist Nahrung), die dann bei Festessen anlässlich von Stammesfesten an die Stammesmitglieder weitergegeben werden. Dadurch werden zwei Funktionen erfüllt: die Untergebenen bleiben loyal und seine Position als großer Mann wird gefestigt.

Der Begriff (Häuptling) ist normalerweise einem Anführer eines großen Stammes vorbehalten, der durch soziale Ränge strukturiert ist und eine ständige Gruppe von Kriegern unterhält, die durch eine Form von Besteuerung bezahlt werden, die von den Handlangern des Häuptlings verwaltet wird. Der Häuptling zeigt seinen Wohlstand und seine Macht durch seine Kleidung und seine Lebensweise: Er lebt in einem großen Haus mit vielen Ehefrauen.

In der Weltsicht des Clan-Bewusstseins gab es kein Gefühl der Trennung, aber in der Weltsicht des Stammes-Bewusstseins zeigt sich Trennung in Form von ethnischer Identität und Gebietsansprüchen. Unterschiede sind sehr wichtig. Menschen aus anderen Stämmen werden nicht als Menschen anerkannt. Deshalb kann man Angehörige anderer Stämme ohne Hemmungen foltern, verstümmeln und töten.

Die Kosmologie des Stammes-Bewusstseins

Menschen, die im Stammes-Bewusstsein leben, haben so wie Menschen mit einem Clan-Bewusstsein eine starke Verbindung zur Geister-Welt. Aber durch den Wechsel des Schwerpunkts vom Überleben durch Teilen und Wechselseitigkeit zur Geborgenheit durch Zugehörigkeit und Loyalität halten Menschen, die im Stammes-Bewusstsein leben, die Blutsverwandtschaft als grundlegend wichtig und zollen ihren Ahnen hohe Anerkennung. Menschen mit einem Stammes-Bewusstsein sind durch Blutsbande miteinander verbunden. Menschen, die in der Weltsicht des Stammes-Bewusstseins leben, glauben, dass ihre Ahnen nach dem Tod in der Geister-Welt weiterleben und in ihrem Interesse bei den Göttern Fürsprache einlegen können. Die Geister der Ahnen wohlwollend zu stimmen, gilt als Garant für ein glückliches Schicksal.

Schamanische Praktiken spielen in der Weltsicht des Stammes-Bewusstseins eine wichtige Rolle. Schamanen verfügen nicht nur über Wissen über Heilung mittels Naturmedizin, sie wissen auch, wie man Zaubertränke mischen kann, um böse Geister fernzuhalten. Tabus und Rituale sind wichtige Aspekte in der Kosmologie des Stammes-Bewusstseins.

Wie die Weltsicht des Stammes-Bewusstseins heute zum Ausdruck kommt

Die Weltsicht, die mit dem Stammes-Bewusstsein einhergeht, finden wir in großen Teil Afrikas unterhalb der Sahara, in Nord- und Südamerika, in der Karibik und Teilen Ozeaniens. Viele Aspekte dieser Weltsicht zeigen sich auch in unserer modernen Welt, insbesondere bei der Nutzung von Symbolen, Bekleidungsregeln, Aberglauben, heidnischen und religiösen Ritualen, im Sport und in Familienunternehmen durch die Praxis der Vetternwirtschaft.

Zusammenhänge mit der individuellen psychologischen Entwicklungsstufe der Anpassung

Das Kleinkind erkennt, dass es, um Geborgenheit zu erfahren, den Wünschen der Eltern entsprechen muss (wozu auch die Regeln der Weltsicht gehören, in der die Eltern leben). Geborgenheit ist abhängig von Zugehörigkeit, Loyalität und der Nähe zur eigenen Sippe. Das Kleinkind erkennt langsam, dass es in einer Welt der Trennung lebt. Es entwickelt einen getrennten (Ich)-Sinn. Diese Erkenntnis führt zur Bildung des Egos – eines getrennten Selbstgefühls. Das sich entwickelnde Ego des Kindes wird oft von den Eltern unterdrückt, damit in der Familie Harmonie herrscht, so wie individuelle Egos im Stamm unterdrückt werden, um Harmonie aufrechtzuerhalten.

Staats-Bewusstsein: Sicherheit durch Macht und Stärke

Ursprünge

Die dritte Weltsicht, die in der Menschheitsgeschichte entstand – Sicherheit durch Macht und Stärke – bezeichne ich als Staats-Bewusstsein. Diese Weltsicht entstand zuerst vor etwa 6000 Jahren (4000 v. u. Z.), als die Stämme immer größer wurden: kleine Weiler wurden zu Dörfern, Dörfer erweiterten sich zu Städten und Städte wurden zu Metropolen.

Die Staaten hatten zwischen mehreren Hunderttausend und mehreren Millionen Bürgern. Ethnie und Territorium wurden in der Weltsicht des Staaten-Bewusstseins immer wichtigere Unterscheidungsmerkmale der Identität. Die Menschen überlebten durch Handel, Ackerbau und Viehzucht. Als der Wohlstand der Stadt-Staaten wuchs, wurde es zunehmend wichtig, eine ständige Armee zu erhalten, der die neueste Waffentechnologie zur Verfügung stand. Um diese Armee zu bezahlen, mussten die Bürger Steuern zahlen.

Während dieser Entwicklungsstufe wuchs das Empfinden der Trennung. Die Bevölkerung wurde in Hierarchien von Macht (Landbesitzer), Wissen (Priester) und Wohlstand (Händler) aufgeteilt. Die Mächtigsten – diejenigen mit der größten Armee – herrschten. Am Boden der Hierarchie standen die Leibeigenen und Sklaven.

Frauen hatten eine niedrigere Position in der Hierarchie. Sie wurden als persönliches Eigentum des Vaters oder Ehemanns gesehen und sie konnten vom Vater oder Ehemann so behandelt werden, wie er es für richtig erachtete. Frauen hatten keine Rechte und Besitztümer. Das war eine einschneidende Veränderung im Vergleich zu den zwei vorherigen Weltsichten, wo Frauen neben Männern in einer symbiotischen Beziehung lebten und mehr oder weniger den gleichen Status innehatten.

Dieser radikale Wandel wurde durch die „Entfesselung" des männlichen Egos verursacht. In den vorherigen Weltsichten wurde das Ego in hohem Maße durch den Stamm in seine Schranken gewiesen. Die ersten Anzeichen des männlichen Egos sehen wir beim großen Mann. Beim Stammeshäuptling wurde es noch sichtbarer. In der Weltsicht des

Staats-Bewusstseins kam das männliche Ego zu voller Blüte – es beherrschte jeden Aspekt des Gemeinschaftslebens.[31]

Nach heutigen Standards war die Gerechtigkeit im Staats-Bewusstsein extrem schwach ausgeprägt. Die Bestrafung von Verfehlungen in den oberen Bereichen der Hierarchie war immer weniger streng als bei Menschen aus den unteren Bereichen der Hierarchie. Wenn der Aggressor aus einer niedrigeren Schicht als das Opfer kam, dann war die Bestrafung besonders schwer. Wenn der Aggressor aber aus einer höheren Schicht als das Opfer kam, war die Bestrafung geringer. „Auge um Auge, Zahn um Zahn" wurde als normal angesehen, wenn der Aggressor und das Opfer sich auf der gleichen Ebene der Hierarchie befanden.

In der Weitsicht des Staats-Bewusstseins hatte der Anführer absolute Macht über seine Untergebenen, er wurde von den Menschen in seiner Umgebung gefürchtet und stand selbst über den Gesetzten. Im Staats-Bewusstsein fühlte sich niemand sicher. Wenn die Loyalität gegenüber dem Anführer angezweifelt wurde, konnte man des Verrates bezichtigt werden und eine Form der sofortigen Strafe erwarten: Folter oder die Todesstrafe.

Das Recht wurde durch die physische Verstümmelung des Körpers durchgesetzt. Tod und Verstümmelung galten als angemessene Strafen für viele Gesetzesverstöße. Um die Macht des Anführers zu demonstrieren, wurden Strafen in der Öffentlichkeit vollstreckt und zogen massenweise Menschen an. Es galt als Zuschauersport, Männern beim Kampf, um Leben und Tod zuzuschauen oder zu verfolgen, wie sie gegen wilde Tiere kämpfen mussten.

Vor etwa 4000 Jahren erreichte die Explosion des Egos neue Höhen. Anstelle von Stadt-Staaten, die mehr oder weniger friedlich nebeneinander existierten, begannen die Anführer der Stadt-Staaten mit dem Aufbau von Imperien: Sie überfielen andere Staaten, plünderten die Reichtümer und töteten die Bewohner. Diejenigen, die sie nicht abschlachteten – meistens Frauen – entführten sie und machten sie zu Sklaven und Sklavinnen, die dann auf heimischen Märkten an den Meistbietenden verkauft wurden.

---

31 Steve Taylor, *The Fall: The Insanity of the Ego in Human History and the Dawning of a New Era*. New York: Winchester Books, 2005; dt. erschienen als *Der Fall: Vom Goldenen Zeitalter über 6000 Jahre Niedergang zu einem neuen Bewusstsein*. Basel: Sphinx, 2009.

In der Zeit zwischen 2000 v. Chr. und bis zum 6. Jahrhundert n. Chr. wurden mehr als 47 Imperien gegründet, von denen die meisten nur zwei- oder dreihundert Jahre existierten. Aber einige von ihnen, wie das Römische Reich und die Chola-Dynastie in Indien bestanden mehr als 1500 Jahre lang. Als Anführer musste man die Beute, die beim Aufbau des Imperiums anfiel, unter den engsten Vertrauten aufteilen, um ihre Loyalität zu sichern.

Während der folgenden 1500 Jahre (vom 6. Jahrhundert bis zur Neuzeit) wurden weitere 135 Imperien geschaffen. Einige existierten zwischen 500 und 800 Jahre lang, aber die meisten bestanden nur einige Jahrzehnte.

Die Schaffung dieser Imperien wurde nicht nur durch die Weltsicht des Staats-Bewusstseins angetrieben. Einige dieser Weltreiche, insbesondere jene, die zwischen dem 6. Jahrhundert und dem 15. Jahrhundert entstanden, kamen aus der Weltsicht des Nationen-Bewusstseins, und andere Imperien, die in der Zeit zwischen dem 16. und 19. Jahrhundert entstanden, kamen aus der Weltsicht des Welt-Bewusstseins. Zu den Beispielen dieser letzten Gruppen gehören das Britische Kolonialreich, das 394 Jahre (von 1603 bis 1997) bestand, das Spanische Reich, das 573 Jahre (von 1402 bis 1975) bestand, das Portugiesische Reich, das 587 Jahre (von 1415 bis 2002) bestand, das Französische Reich, das 446 Jahre (von 1534 bis 1980) bestand und das Niederländische Reich, das 407 Jahre (von 1568 bis 1975) bestand.[32]

Das letzte Weltreich, das geschaffen wurde, war das Deutsche Dritte Reich. Es existierte 12 Jahre von 1933 bis 1945. Das Dritte Reich kam aus dem Staats-Bewusstsein – mit dem Fokus auf Sicherheit durch Macht und Stärke.[33]

---

32 Weitere Informationen über Imperien finden Sie unter: https://en.wikipedia.org/wiki/List_of_largest_empires

33 Der Anhang 1 gibt eine Analyse der Persönlichkeit Adolf Hitlers. Aufgrund der Erfahrungen in seiner Kindheit blieb Hitler in der ersten Teilphase der psychologischen Entwicklungsstufe der Differenzierung. Sein Bedürfnis nach Anerkennung, die er als Kind nie erhielt, fand Resonanz in der Psyche der Deutschen, die im Ersten Weltkrieg besiegt wurden. Er und sie wollten einen Zweiten Weltkrieg, um ihr Selbstwertgefühl zu steigern.

Die Kosmologie des Staats-Bewusstseins

Mit dem Entstehen des Staats-Bewusstseins gab es eine bedeutsame Veränderung in der Kosmologie: Ein Wandel von der Verehrung der Geister der Ahnen zur Verehrung eines Pantheons von Göttern, die die Geschicke der Menschen „beherrschen".

In der römischen Zeit gehörten zu diesen Göttern Mars, der Gott des Krieges, Minerva, die Göttin der Weisheit, und Neptun, der Gott des Meeres. Über alles Vorstellbare, einschließlich der Kräfte der Natur, herrschte ein Gott oder eine Göttin. Polytheismus wird heute noch in der traditionellen chinesischen Religion, im Hinduismus und Shintoismus praktiziert. Eine Ausnahme vom Polytheismus in der Zeit des Staats-Bewusstseins war die Praxis des Judentums, eine monotheistische Religion, die um 1500 v. u. Z. begann.

Gesundheit und Heilung wurden im Staats-Bewusstsein vor allem durch traditionelle Naturheilkunde sichergestellt, in Verbindung mit Fürbitten und Opfern – darunter auch Tiere und Menschen – für die Götter.

Wie die Weltsicht des Staats-Bewusstseins heute zum Ausdruck kommt

Machthaber von Nationen, die aus der Weltsicht des Staats-Bewusstseins handeln, fordern Loyalität, ständiges Lob und Bewunderung. In der Antike hatten solche Herrscher viele Frauen und viele Nachkommen. Heute haben sie meist eine Reihe von „Vorzeigefrauen", denen sie selten treu sind. Machthaber, die aus einem Staats-Bewusstsein leben, nähren ständig die Begierden ihres Egos: Sie wollen bekommen, was sie wollen, wann sie es wollen. Man tut gut daran sich in Acht zu nehmen, wenn man ihnen nicht geben kann, was sie wollen, oder ihnen auf irgendeine Weise in die Quere kommt.

Sie nähren ihren Stolz durch die Demonstrationen militärischer Stärke und ihrer militärischen Erfolge. So stärken sie ihr Selbstwertgefühl: Sie müssen spüren, dass sie mächtig und stark sind. Sie greifen möglicherweise sogar auf die Zurschaustellung ihrer Männlichkeit zurück: Sie zeigen ihren Körper oder zeigen sich öffentlich mit schönen Frauen, die als Sexobjekt gelten. Machthaber, die aus der Weltsicht des Staats-Bewusstseins handeln, bestimmen, was getan wird. Um ganz nach oben zu kommen, lügen, betrügen und manipulieren sie. Das ist die Weltsicht all jener, die durch Angst andere manipulieren, um mehr Macht zu erlangen.

In der Weltsicht des Staats-Bewusstseins ist kein Machthaber lange Zeit sicher. Es gibt immer jemanden, der nur darauf wartet, den Anführer zu stürzen und selbst an seine Stelle zu treten. Aus diesem Grund sind Machthaber in der Weltsicht des Staats-Bewusstseins gegenüber den Menschen in ihrer Umgebung sehr misstrauisch. Überall werden Verschwörungen vorangetrieben und Intrigen geschmiedet. Man kann niemandem vertrauen, nicht einmal den Menschen im engsten Umkreis. Nur die mächtigsten, die beängstigendsten und intrigantesten Anführer, können längere Zeit an der Macht bleiben. Viele Aspekte dieser Weltsicht finden wir bei der Mafia, bei Straßengangs und in den Netzwerken der Drogenbarone.Anführer in dieser Weltsicht haben ein starkes Interesse daran, körperlich gesund zu bleiben, häufig Sex zu haben und viele Söhne zu zeugen. Töchter sind weniger willkommen. In einigen Nationen, die aus der Weltsicht des Staats-Bewusstseins leben, werden weibliche Babys ermordet.

In der Weltsicht des Staats-Bewusstseins wird das Recht, Waffen zu tragen, heftig verteidigt, ähnliches gilt für das Jagen wilder Tiere und die Misshandlung von Haustieren. Boxen, Wrestling, Stierkämpfe und andere Kampfsportarten sind moderne Aspekte der Weltsicht des Staats-Bewusstseins.

Der Zusammenhang mit der individuellen psychologischen Entwicklungsstufe der Differenzierung

Die Weltsicht des Staats-Bewusstseins korrespondiert mit der ersten möglichen Teilstufe der individuellen Entwicklungsstufe der Differenzierung – ein Fokus auf Anerkennung durch die Zurschaustellung von Macht und Stärke.

Wie sehr sich dies in Einzelnen zeigt, hängt zum großen Teil von der Erziehung durch die Eltern ab. Wenn die Kinder und Jugendlichen keine nährende und fürsorgliche Umgebung erfahren – von ihren Eltern keine Anerkennung für das erhalten, was sie erreicht haben – oder sich von den Gleichaltrigen ausgeschlossen fühlen, dann können sie zu Aggression und Mobbing neigen, um ihr Bedürfnis nach Selbstwert zu erfüllen. Diejenigen, die körperlich nicht stark genug sind, um zu kämpfen oder andere zu schikanieren, rächen sich dafür, dass sie nicht akzeptiert und anerkannt werden, bei anderen, indem sie manipulativ und grausam handeln – nicht nur gegenüber Menschen, sondern auch gegenüber Tieren. Sie wollen Selbstwertgefühl durch Stärke und Überlegenheit erreichen. Sie wollen, dass man sie bemerkt.

Nationen-Bewusstsein: Sicherheit durch Autorität und religiöse Bildung

Ursprünge

Die vierte Weltsicht, die entstand – Sicherheit durch Autorität und (religiöse) Bildung – nenne ich Nationen-Bewusstsein. Nationen bildeten sich, als sich Staaten durch Allianzen oder die Unterwerfung ethnischer Minderheiten zu größeren Gebieten verschmolzen.

Die Weltsicht des Nationen-Bewusstseins erwuchs aus der Einsicht, dass das Staaten-Bewusstsein vier wichtige Einschränkungen hat: es schafft Chaos, Instabilität und Unsicherheit auf politischer Ebene; es ist vollkommen darauf ausgerichtet, die Bedürfnisse des männlichen Egos zu erfüllen; es behandelt Frauen wie Sklaven und regiert die Menschen durch ein Ethos der Angst. Die Weltsicht des Nationen-Bewusstseins brachte Stabilität, Ordnung und Disziplin in die Regierungsweise der Nationen. Aufgrund von moralischer Autorität wurden Gesetze, Regeln und Verhaltensnormen formuliert. Administrative Bürokratien wurden geschaffen, um Steuern einzutreiben und den Staat zu führen. Durch die Bildung von Familiendynastien konnte eine Stabilität der Führung erreicht werden. Könige und Herrscher wurden zu politischen und spirituellen Anführern – sie regierten als Stellvertreter Gottes.

Weil alle den gleichen Gott verehrten, bot die organisierte Religion eine zusätzliche Bindung zwischen den Menschen mit unterschiedlichem ethnischem Ursprung, die in der gleichen Nation lebten. Menschen, die einer Religion anhingen, die nicht vom Staat zugelassen war, wurden manchmal toleriert, aber oft wurden sie diskriminiert und manchmal auch verfolgt.

In der Weltsicht des Staats-Bewusstseins herrschten die Eliten durch Macht und Stärke, in der Weltsicht des Nationen-Bewusstseins hingegen herrschten die Eliten durch politische und religiöse Autorität. In dieser Weltsicht musste sich jeder vor Gott verantworten. Die Eliten beherrschten weiterhin die Massen und die Massen erfüllten ihre Bedürfnisse. Im Gegenzug sorgten die Eliten für das Überleben, die Geborgenheit und Sicherheit ihrer Bürger. Dies war die Ära des Feudalismus.

Als Mensch der Masse konnte man in der Weltsicht des Nationen-Bewusstseins den eigenen Status kaum verbessern. Die wichtigsten Wege, um den eigenen Status in der Gesellschaft zu verbessern, waren der Dienst bei einem Monarchen oder dem regionalen Fürsten, die Auszeichnung in der Schlacht oder der Eintritt in einen religiösen Orden. Je loyaler und rechtschaffener man wurde, umso besser wurde der eigene Status.

Unter dem Einfluss der Weltsicht des Nationen-Bewusstseins wurde die Idee der Gerechtigkeit modifiziert, um die Gleichheit aller im Angesicht Gottes zu berücksichtigen. In dieser Herrschaftsform mussten Menschen, die eines Fehlverhaltens bezichtigt wurden, ihre Unschuld dadurch beweisen, dass sie sich körperlicher Prüfungen unterzogen, wie das Laufen über brennende Kohlen oder das Tauchen in eiskaltes Wasser. Es lag in Gottes Hand, ob die Beschuldigten überlebten oder nicht. Wenn sie überlebten, wurden sie als unschuldig angesehen.

In der Weltsicht des Nationen-Bewusstseins wurden Bürger in verschiedene Klassen unterschieden – die obere, mittlere und untere Klasse. Die oberen Klassen wurden durch den Monarchen, den Hofstaat der Berater, die Großgrundbesitzer und religiösen Autoritäten gebildet. Die mittleren Klassen bestanden aus wohlhabenden Händlern, kleinen Grundbesitzern und Geistlichen. Die unteren Klassen bestanden aus Leibeigenen, Sklaven und Arbeitern.

Die Kosmologie des Nationen-Bewusstseins

Im Jahre 312 n. Chr. hatte der Kaiser Konstantin der Große in der Nacht, bevor er in eine wichtige Schlacht zog, einen Traum über den Gott der Christen. Er gewann die Schlacht und setzte in der Folge die Bekehrung der römischen Bürger zum Christentum durch. Dieses Ereignis führte zu einem tiefgreifenden kosmologischen Wandel – vom Polytheismus zum Monotheismus. Die Kosmologie im Staats-Bewusstsein basierte auf einem Pantheon von Göttern, die Kosmologie des Nationen-Bewusstseins beruhte hingegen auf dem einen Gott.

In dieser Zeit unserer Geschichte entstanden mehrere neue monotheistische Religionen (neben dem Judentum), von denen das Christentum und der Islam die bekanntesten sind.[34] Dies war die Zeit der Religi-

34 Die erste große monotheistische Religion war das Judentum, die in der Zeit des Staaten-Bewusstseins entstand.

onskriege. Armeen wurden genutzt, um religiösen Einfluss zu schützen und zu erweitern. Die Idee des „Heiligen Krieges" entstand in dieser Zeit, als mit christlichen Kreuzzügen versucht wurde, das Heilige Land von den Muslimen zurückzuerobern.

Monotheistische Religionen lehren, dass der Glaube an Gott in diesem Leben im nächsten Leben belohnt wird. Leiden und Opfer werden als der Weg zum ewigen Leben verstanden. Deshalb ist in dieser Weltsicht die Identifikation mit einer Religion sehr wichtig. Hinzukommt, dass jemand, der sich nicht mit *meiner* Religion identifiziert, als Heide und Ungläubiger gilt. Diese Haltung führt zu religiöser Intoleranz und zur Radikalisierung der Gläubigen.

Gesundheit und Heilung werden im Nationen-Bewusstsein stark mit Gebeten verbunden. Der Körper galt als Instrument Gottes. Sein Zweck bestand darin, Gottes Werke zu vollbringen. Die natürlichen Impulse des Körpers wurden als böse erachtet, deshalb musste der Körper für sexuelle Gedanken bestraft werden. Das Zölibat wurde als Weg zu Gott verstanden. Infolgedessen wurden Frauen als sexuelle Versuchung gesehen und ihre Körper mussten verhüllt werden. Die sexuelle Vereinigung von Mann und Frau musste in den Augen Gottes geweiht sein. Homosexualität war verboten.

Wie die Weltsicht des Nationen-Bewusstseins heute zum Ausdruck kommt

Die Machthaber, die aus einem Nationen-Bewusstsein handeln, sehen sich selbst als die absolute Autorität. Deshalb sind sie darauf bedacht, sich in die Staatsgeschäfte und das Justizsystem einzumischen und sie zu ihren Gunsten zu beeinflussen – sie greifen beispielsweise ein, um zum Tode verurteilte Straftäter zu begnadigen.

In der Weltsicht des Nationen-Bewusstseins werden die Vermischung verschiedener sozialer Klassen und die Ehe zwischen Männern und Frauen aus unterschiedlichen ethnischen oder religiösen Gruppen verpönt. Es ist sehr wichtig, der richtigen ethnischen oder religiösen Gruppe anzugehören. Wenn man zur falschen ethnischen oder religiösen Gruppe gehört, kann die eigene Sicherheit gefährdet sein. Diese Weltsicht finden wir bei weißen und schwarzen Rassisten, dem Ku Kux Clan und den Neonazis. In der Weltsicht des Nationen-Bewusstseins sind Frauen Bürgerinnen zweiter Klasse und haben weitaus weniger Freiheit als Männer. In dieser Weltsicht ist die Homophobie weit verbreitet.

In der Weltsicht des Nationen-Bewusstseins werden Gruppenstrukturen im Staatsdienst, im Militär und in den organisierten Religionen durch Autoritätshierarchien geführt. Die eigene Stellung kann man durch Opfer, Selbstdisziplin und Loyalität verbessern. Nur selten gelangen Menschen aufgrund ihrer Fähigkeiten in eine höhere Position; um mehr Autorität zu erreichen, muss man jahrzehntelangen Dienst leisten und hat dabei die Aussicht auf eine Pension. Ein zentraler Grundsatz in der Weltsicht des Nationen-Bewusstseins besteht darin, jetzt etwas für spätere Belohnung zu opfern. Höhere Positionen, Belohnungen und Auszeichnungen sind für diejenigen reserviert, die die Anführer besonders stark unterstützt haben oder herausragende Dienste für die Nation geleistet haben.

In der Weltsicht des Nationen-Bewusstseins halten es die Machthaber für akzeptabel, die Maschinerie der Regierung zu nutzen, um ihre persönlichen Wünsche zu erfüllen. Sie nutzen ihren Einfluss, um die Menschen, die ihnen treu sind oder eine signifikante Macht ausüben, zu begünstigen – dabei gehen Geld und politische Macht Hand in Hand.

Die Machthaber glauben, dass sie außerhalb der Gesetze agieren können. Sie neigen dazu, die Massen durch Angst zu manipulieren. Sie suchen nach Wegen, um die Gesetze so zu verändern, dass sie länger an der Macht bleiben können, als es die jeweilige Verfassung erlaubt. In dieser Weltsicht kann die Religion eine wichtige Rolle bei der Bildung religiöser Allianzen spielen. In den Bildungssystemen ist das religiöse Wissen besonders wichtig.

Zusammenhänge mit der psychologischen Entwicklungsstufe der Differenzierung

Die Weltsicht des Nationen-Bewusstseins korrespondiert mit der zweiten möglichen Teilstufe der individuellen psychologischen Entwicklungsstufe der Differenzierung – der Fokus liegt auf Anerkennung durch Autorität und (religiöse) Bildung. Wenn Jugendliche Fürsorge erfahren, von den Eltern für ihre Erfolge Wertschätzung erhalten und von den Gleichaltrigen respektiert werden, dann suchen sie die Anerkennung nicht durch Macht, sondern durch Autorität: sie konzentrieren sich auf das Lernen, um von ihren Eltern, Autoritätspersonen oder Gleichaltrigen mehr Respekt zu erhalten.

Bei dieser Aussage möchte ich einen wichtigen Warnhinweis hinzufügen. Wenn eine Gemeinschaft die Weltsicht des Nationen-Bewusstseins annimmt, die Eltern sich aber nicht mit ausreichend Fürsorge um die Bedürfnisse ihrer jugendlichen Kinder kümmern – sie nicht für ihre Erfolge anerkennen – können sich die Jugendlichen (meistens Männer, aber auch Frauen) religiösen Autoritäten zuwenden, um die gesuchte Anerkennung zu erhalten. Das kann dazu führen, dass sie die Beziehung zu ihrer Religion vertiefen. Wenn sie unter negativen Einfluss geraten, können sie zu Radikalismus und religiösem Extremismus neigen. Das trifft auf alle monotheistischen Religionen zu: Christentum, Islam und Judentum.

Welt-Bewusstsein: Sicherheit durch Wohlstand und Wissen

Ursprünge

Die fünfte Weltsicht, die in der Geschichte der Menschheit entstanden ist – Sicherheit durch Wohlstand und Wissen – nenne ich Welt-Bewusstsein. Diese Weltsicht zeigte sich zuerst im 15. Jahrhundert, als die mächtigsten Nationen Europas ihre Flotten ausschickten, um ferne Länder zu erforschen und Weltreiche aufzubauen, die den Wohlstand vergrößerten. Die Portugiesen, Spanier, Franzosen, Holländer und Engländer standen in Konkurrenz miteinander bei der Kolonialisierung Amerikas, der Karibik, Afrikas und Ostindiens, um durch Handel Wohlstand zu erreichen.

Die Weltsicht des Welt-Bewusstseins erwuchs aus der Erkenntnis, dass das Nationen-Bewusstsein vier Schwachpunkte hat. Im Nationen-Bewusstsein werden ethnische und religiöse Minderheiten diskriminiert, Frauen werden als Bürgerinnen zweiter Klasse behandelt, die Homophobie ist sehr stark ausgeprägt und die Oberhäupter religiöser Institutionen erhalten zu viel Macht.

Im Welt-Bewusstsein wandelten sich die Regierungsstrukturen der Nationen von der absoluten Macht der Könige, Königinnen oder religiösen Oberhäupter zu konstitutionellen Monarchien. Die Monarchen gaben ihre Macht an gewählte Repräsentanten des Volkes ab. Meist waren es Männer – sie stammten aus der (reichen) Oberschicht, waren wichtige Grundbesitzer oder anerkannte öffentliche Personen. Während der Entwicklung der Weltsicht des Welt-Bewusstseins nahm die Macht der Aristokratie langsam ab, während sich die Idee der Demokratie durchzusetzen begann.

Die ersten Demokratien waren Einparteiensysteme (bei Nationen, die von religiösen Autoritäten regiert wurden) oder Zweiparteiensysteme bei Nationen, die von säkularen Machthabern regiert wurden. Dabei versammelte eine Partei die konservativen Eliten, die ihre Privilegien und ihre Macht verteidigten, und die andere Partei bestand aus liberalen Denkern oder Vertretern der Arbeiterklasse, die einen gerechteren Anteil am Wohlstand forderten, den sie durch ihre Arbeit schufen.

Was die Frauen betrifft, so begann diese Ära auf die schlimmste Weise. Die männlich dominierten religiösen Institutionen nutzen ihre Macht gegenüber Frauen aus, indem sie jede, bei der man böses oder schädliches Verhalten vermutete, als Hexe bezeichnete. Heilerinnen und Schamaninnen wurden besonders verfolgt. Es wird geschätzt, dass im 16., 17. und 18. Jahrhundert 200.000 (Hexen) getötet wurden.

Die Idee einer natürlichen Gerechtigkeit (durch Gott), die im Nationen-Bewusstsein vorherrschte, wurde durch die Idee einer rationalen Gerechtigkeit (durch den Menschen) ersetzt, die von hochrangigen Eliten umgesetzt wurde. In den frühen Tagen des Welt-Bewusstseins wurde die Folter als angemessenes Mittel angesehen, um die Wahrheit herauszufinden. Nur selten dauerten Gerichtsverfahren länger als einige Tage. Sobald ein Urteil gesprochen wurde, folgte die Strafe sofort. Die Bestrafung wurde durch Schläge oder durch Verstümmeln des Körpers des Straftäters vollstreckt. Was wir heute als kleine Verbrechen ansehen, wurde mit gewaltsamem Tod bestraft: öffentliches Verbrennen am lebendigen Leibe, Erhängen oder Strecken und Vierteilen. Kleine Vergehen wurden damit geahndet, dass Verbrecher öffentlich an Pfähle gebunden wurden, wo die Massen sie demütigen konnten. Öffentliche Demütigung war bis zum Entstehen des Menschen-Bewusstseins im 19 Jahrhundert eine übliche Bestrafung.

Die Kosmologie des Welt-Bewusstseins

Während der Verbreitung der Weltsicht des Welt-Bewusstseins trat die Wissenschaft an die Stelle der Religion als vorherrschende Kosmologie. Heilung durch die Medizin und nicht durch Gebete wurden zur Norm. Demzufolge wurde in der Weltsicht des Welt-Bewusstseins die Kosmologie der Religion, die auf dem einen „wahren" Gott beruhte, durch die Kosmologie der Wissenschaft ersetzt. In der Wissenschaft gibt es *keinen* Gott – *keinen* göttlichen Schöpfer/Ursprung, *keine* Seele, *keine* anderen Dimensionen der Existenz und deshalb auch kein Leben nach dem Tod. Die Idee der Sinnlosigkeit im Sinne Charles Darwins – eine Evolution durch zufällige Mutationen – wurde als die Grundlage der Evolution akzeptiert. In der Weltsicht des Welt-Bewusstseins verbreitete sich der Atheismus.

Alle vorherigen Kosmologien können als transzendent bezeichnet werden – die Erweiterung des Bewusstseins in andere Dimensionen der Existenz hinein –, aber in der Wissenschaft gibt es keine Transzendenz. Der Wandel von einer transzendenten Kosmologie (ein äußerer Gott) zu einer Wissenschaft (einer Kosmologie ohne Transzendenz) hatte einen großen Einfluss auf die akademische Welt, insbesondere die Geisteswissenschaften und hier vor allem die Philosophie und die Psychologie. Die Idee der Seele, die zunächst als legitimes Konzept in der Psychologie galt, wurde unter dem Einfluss der Wissenschaft nach und nach durch die Ideen der Verhaltenspsychologie ersetzt.

Gesundheit und Heilung basieren in der Weltsicht des Welt-Bewusstseins auf der Wissenschaft. Der Körper wird als Maschine verstanden und psychologische Probleme werden mit Medikamenten behandelt. Die Ärzte ignorieren jede Verbindung zwischen Körper und Geist.

Wie die Weltsicht des Welt-Bewusstseins heute zum Ausdruck kommt

Das Welt-Bewusstsein entstand während der Kolonialzeit, als Menschen aus verschiedenen Ländern reisen und sich in anderen Ländern ansiedeln konnten. Deshalb siedelte sich eine wachsende Vielfalt ethnischer Bevölkerungsgruppen in den früheren Kolonialmächten an. Großbritannien integrierte beispielsweise Menschen aus Westindien, Pakistan, Indien und Ostafrika. Frankreich integrierte Menschen aus Westafrika, Nordafrika und den afrikanischen Ländern unterhalb der Sahara. Holland integrierte Menschen aus Indonesien, Spanien integrierte Menschen aus Südamerika und Portugal integrierte Menschen aus Brasilien und Mozambique. Es ist nicht so schwierig, Menschen mit verschiedenen Ethnien in Gesellschaften zu integrieren, die aus einem Welt-Bewusstsein leben. Aber diese Form der Integration kann in Gesellschaften, die aus einem Nationen-Bewusstsein leben, in dem Identität wichtiger ist, sehr problematisch sein.

In der Weltsicht des Welt-Bewusstseins wird die Politik oft in zwei einflussreichen Parteien polarisiert: Eine Partei vertritt häufig die Gebildeten und Privilegierten und die andere Partei die Armen und die

Menschen, die weniger Privilegien haben und unter schwierigeren Umständen leben.

Im Welt-Bewusstsein versuchen die Reichen und Mächtigen, die politische Entscheidungsfindung durch Bestechung und Korruption zu beeinflussen. Die Armen und Benachteiligten sowie die Umwelt erhalten in Gemeinschaften, die vom Welt-Bewusstsein beherrscht werden, kaum Aufmerksamkeit: Geld verdienen ist das Wichtigste. Die Lücke zwischen den Reichen und Armen wird größer, weil die Wohlhabenden ihr Geld mit Zinssätzen investieren, die höher sind, als die Wachstumsrate der Einkommen. So bleiben die weniger wohlhabenden Menschen immer weiter zurück.

Die Arbeit von Frauen wird nicht so stark wertgeschätzt wie die Arbeit von Männern – auch dann, wenn sie die gleiche Qualifikation haben. Deshalb haben es Frauen in Nationen mit einem vorherrschenden Welt-Bewusstsein schwerer, in einflussreiche Positionen aufzusteigen.

Durch das Welt-Bewusstsein entsteht ein Umfeld, in dem junge Unternehmer tätig werden – Menschen, die ihre Intelligenz nutzen, um neue Produkte und Dienstleistungen zu schaffen, von denen sie hoffen, dass sie dadurch reich werden. Der Fokus der Bildung liegt im Welt-Bewusstsein darauf, die Menschen darauf vorzubereiten, in der Arbeitswelt miteinander zu konkurrieren. Deshalb wollen viele junge Menschen Betriebswirtschaft studieren. Die zugrundeliegende Kosmologie im Welt-Bewusstsein ist die Wissenschaft und darin ist kein Platz für Gott oder die Seele.

Zusammenhänge mit der psychologischen Entwicklungsstufe der Differenzierung

Die Weltsicht des Welt-Bewusstseins korrespondiert mit der dritten möglichen Teilstufe der individuellen Entwicklungsstufe der Differenzierung – der Fokus liegt auf Anerkennung durch Wohlstand und Wissen. Für diejenigen, die nicht der Elite angehören, ist der direkteste Weg zu Wohlstand die formelle Ausbildung. Intelligenz und Klugheit sowie Erfolg, Ruhm und Status werden auf dieser Teilstufe der Entwicklung sehr hoch anerkannt. Konkurrenz ist die Norm. Der wichtigste Maßstab ist die Leistung, die jemand vollbringt.

Menschen-Bewusstsein: Freiheit durch Gleichheit und Fairness

Ursprünge

Die sechste Weltsicht, die in der Menschheitsgeschichte entstand – Freiheit durch Gleichheit und Fairness – nenne ich Menschen-Bewusstsein. Diese Weltsicht entstand im Europa des 19. Jahrhunderts.

Die Weitsicht des Menschen-Bewusstseins erwuchs aus der Erkenntnis, dass das Welt-Bewusstsein drei zentrale Nachteile hat: Es schuf eine starke Ungleichheit, es schadete der Umwelt und es diskriminierte Frauen, Homosexuelle und Transsexuelle.

Das Menschen-Bewusstsein versuchte, die sozialen Ungerechtigkeiten zwischen den Eliten (den Reichen) und den Massen (den Armen), die sich in menschlichen Gesellschaften seit der Explosion des männlichen Egos vor mehr als 6000 Jahren etabliert hatten, auszugleichen.

Deshalb war die Weltsicht des Menschen-Bewusstseins eine tiefgreifende Transformation in unserer kollektiven psychologischen Entwicklung. Im Zentrum dieser Weltsicht steht die Idee der Inklusion. Dies wurde durch Gleichheit und die (Dämonisierung) von Privilegien erreicht – ein Aspekt des Elitedenkens, das im Staaten-Bewusstsein, Nationen-Bewusstsein und Welt- Bewusstsein vorhanden war. In unserer kollektiven psychologischen Entwicklung wurde damit nach und nach das männliche Ego unter Kontrolle gebracht.

Etwa zu Beginn des 20. Jahrhundert erhielten Frauen das Wahlrecht und einige Jahrzehnte später konnten sie selbst bei Wahlen antreten. Unter der Obhut der Demokratie verringerte sich der Einfluss der Aristokratie und der wohlhabenden Eliten immer mehr. Die Klassensysteme brachen auseinander und die gleiche Bildung für alle wurde zur Norm. Auf geopolitischer Ebene errangen die vormaligen Kolonien ihre Unabhängigkeit und erhielten den gleichen Status in den Vereinten Nationen.

Die Akzeptanz der Vielfalt durch Inklusion führte auch zu weiteren Veränderungen, wie die Anerkennung der Rechte indigener Völker. Zudem nahmen Nationen, die aus einem Menschen-Bewusstsein lebten, bereitwillig Flüchtlinge auf, die in Nationen mit einem Staats- oder Nationen-Bewusstsein diskriminiert wurden.

Unter dem Einfluss der Weltsicht des Menschen-Bewusstseins wurde (zu Beginn des 19 Jahrhunderts) die Sklaverei abgeschafft und das Justizsystem vollkommen erneuert. In Großbritannien verringerte sich die Anzahl der Straftaten, die mit einer Todesstrafe geahndet wurden, von 200 auf etwa fünf. Die Exekutionen wurden unter Ausschluss der Öffentlichkeit in Gefängnissen durchgeführt, statt als öffentliche Spektakel abgehalten zu werden.

Anstatt die Strafe an den Körpern der Gefangenen zu vollstrecken, wurde sie nun an deren „Seele" vollstreckt.[35] Inhaftierung wurde zur häufigsten Strafe. Je schwerer das Verbrechen war, je länger war die Haftstrafe. Strafen galten nicht mehr als Form der Vergeltung, wie im Nationen-Bewusstsein, oder als eine Form der Abschreckung, wie im Welt-Bewusstsein, sondern wurde als Möglichkeit gesehen, sich um Rehabilitation zu bemühen: man wollte Menschen, die das Gesetz brachen, dabei helfen, sich wieder in die Gesellschaft einzugliedern. Egal wie schwer das Vergehen ist, im Menschen-Bewusstsein gibt es keine Todesstrafe.

Die Weltsicht des Menschen-Bewusstseins setzte sich zuerst in Nationen durch, die kaum an den kolonialen Landeroberungen in der Ära des Welt-Bewusstseins teilgenommen hatten. Aufgrund dessen blieben diese Nationen in großem Maße ethnisch homogen. Während die ehemaligen Kolonialmächte, die aus dem Welt-Bewusstsein agierten, mit Problemen im Zusammenhang mit ethnischer Vielfalt aufgrund des Zuzugs aus den früheren Kolonien zu kämpfen hatten, machten die ethnisch homogeneren Nationen – wie die skandinavischen Länder oder Nationen, die weniger erfolgreiche Kolonialmächte waren – Fortschritte in den Bereichen Geschlechtergleichstellung sowie sexuelle und soziale Integration.

Im Welt-Bewusstsein sind die Stimme und die Ziele jedes Menschen von Bedeutung. Der Konsens wird in dieser Weltsicht zur wichtigsten Form der Entscheidungsfindung: Konflikte werden vermieden und bevor eine Entscheidung gefällt wird, hat der Dialog einen hohen Stellenwert.

---

35 Michel Foucault, *Überwachen und Strafen: Die Geburt des Gefängnisses.* Frankfurt/Main: Suhrkamp, 1976.

Die Kosmologie des Menschen-Bewusstseins

Das Menschen-Bewusstsein bedeutete einen großen kosmologischen Wandel. Im Nationen-Bewusstsein wurde ein äußerer Gott verehrt und in der Wissenschaft wurde kein Gott verehrt, aber im Menschen-Bewusstsein begannen wir, eine Beziehung mit dem Gott in uns zu entwickeln. Wir entdeckten unseren eigenen persönlichen Gott und damit die Spiritualität.

Spiritualität verbindet Menschen mit unterschiedlichem Glauben, indem sie sich auf die Werte konzentriert, die Menschen wichtig sind, statt auf die Glaubensinhalte, die sie voneinander trennen. Zusätzlich zum Einsatz für die Gleichbehandlung von Menschen mit unterschiedlicher Religion, trat das Menschen-Bewusstsein auch für die Gleichbehandlung verschiedener Geschlechter, sexueller Orientierungen und Ethnien ein. Im Menschen-Bewusstsein gibt es keine ethnischen Grenzen für sexuelle Beziehungen. Trotz der Vorbehalte männlicher Kirchenvertreter (die meist aus einem Nationen-Bewusstsein agieren) wurden gleichgeschlechtliche Ehen legalisiert und Frauen konnten langsam auch Kirchenämter übernehmen.

Das Hauptproblem der Spiritualität in der Weltsicht des Menschen-Bewusstseins besteht darin, dass sie nur einen Schritt von der Dominanz des Egos entfernt ist, die wir in der Weltsicht des Welt-Bewusstseins vorfinden. Deshalb kann Spiritualität leicht von gut gebildeten Menschen auf der Suche nach Ruhm und Wohlstand missbraucht werden, die sich als spirituelle Gurus inszenieren. Sie nutzen ihr Wissen spiritueller Wahrheiten, um sich persönlich zu bereichern, und stützen sich dabei auf die Popularität der Selbsthilfe-Bewegung. Diese Bewegung besteht aus Menschen, die sich in die psychologischen Entwicklungsstufen der Individuation und Selbstverwirklichung bewegen und die organisierte Religion verlassen haben, um nach der Verbindung mit dem inneren Göttlichen zu suchen.

Gesundheit und Heilung sind in der Weltsicht des Menschen-Bewusstseins sehr stark mit der alternativen, nicht-invasiven Naturheilkunde und den spirituellen Therapien verbunden, die sich auf die Integration von Körper und Geist konzentrieren. Achtsamkeit und Meditation gelten in dieser Weltsicht als Methoden, die unterstützende Wirkungen auf Geist und Körper haben.

Wie die Weltsicht des Menschen-Bewusstseins heute zum Ausdruck kommt

Regierungen in Nationen, die aus dem Menschen-Bewusstsein agieren, bestehen oft aus Koalitionen, die die unterschiedlichen Prioritäten der Bürgerinnen und Bürgern repräsentieren. Männer und Frauen werden gleichbehandelt und Menschen mit verschiedenen sexuellen Orientierungen werden akzeptiert. Im Menschen-Bewusstsein gibt es keinerlei Diskriminierung. In dieser Weltsicht ist politische Korrektheit – das Vermeiden von sprachlichen Formulierungen und Handlungen, die Menschen, die als benachteiligt oder anders gelten, ausschließen, unterdrücken oder beleidigen – die unerlässliche Voraussetzung für angemessene Beziehungen. Die Gefühle aller werden respektiert. Der Konsens ist wichtig, weil Disharmonie und emotionale Ausbrüche in dieser Weltsicht vermieden werden sollten.

In der Weltsicht des Menschen-Bewusstseins verändert sich auch der Fokus der Bildung vom Lesen, Schreiben und Rechnen – die Fertigkeiten, die zur Unterstützung der Wirtschaft nötig sind (um Kinder auf die Weltsicht des Welt-Bewusstseins vorzubereiten) – hin zu einer auf Werten basierenden Bildung, welche die Kinder auf die Weltsicht des Menschen-Bewusstseins vorbereitet.[36] Viel Aufmerksamkeit wird auch den Rechten der Tiere gewidmet, sowohl wilden Tieren als auch Haustieren. In dieser Weltsicht sind sozial abgesicherte Medizin, Naturheilkunde und finanzielle Sicherheitsnetze für alle zugänglich. Die zugrundeliegende Kosmologie im Menschen-Bewusstsein ist die Spiritualität.

Zusammenhänge mit der psychologischen Entwicklungsstufe der Individuation

Die Weltsicht des Menschen-Bewusstseins korrespondiert mit der persönlichen Entwicklungsstufe der Individuation – mit einem Fokus auf Freiheit und Autonomie. Auf dieser Entwicklungsstufe beginnen wir zu entdecken, wer wir unabhängig von elterlicher und kultureller Konditionierung sind. Wir werden für unser eigenes Leben verantwortlich und rechenschaftspflichtig. Wir lassen die Abhängigkeit von anderen Menschen und von Institutionen los, weil wir sie nicht mehr brauchen, um unsere Mangelbedürfnisse zu erfüllen. Wir werden fähig, uns unseren Ängsten stellen.

---

36 http://www.valuesbasededucation.com/

Ehrlichkeit, Offenheit und Transparenz sind Schlüsselwerte auf der Entwicklungsstufe der Individuation. Statt Entscheidungen auf der Basis der eigenen Überzeugungen zu treffen, lassen wir uns bei der Entscheidungsfindung von unseren Werten leiten. Unsere Werte werden zu unserem inneren Orientierungssystem, um Entscheidungen zu treffen.

Menschheits-Bewusstsein: Sinnfindung durch Selbstausdruck und Kreativität

Ursprünge

Die Weltsicht, die heute gerade entsteht – die siebte Weltsicht –, nenne ich Menschheits-Bewusstsein. Obwohl diese Weltsicht in einigen Individuen und wenigen Gemeinschaften gefunden werden kann, gibt es keine Nationen, die aus dieser Weltsicht agieren.

Das Menschheits-Bewusstsein ist die erste wahrhaft systemische und integrale Weltsicht. Hier findet sich eine ganz neue Form der Entscheidungsfindung – der Blick richtet sich auf das große Ganze und seine Zusammenhänge, statt auf die einzelnen Teile – und konzentriert sich auf die Bedürfnisse unserer globalen Gesellschaft. Es ist eine noch umfassendere Transformation in unserer kollektiven psychologischen Entwicklung als das Menschen-Bewusstsein.

Anders als vorhergehende Weltsichten sieht das Menschheits-Bewusstsein die „Vertikalität" der gesellschaftlichen Entwicklung und bezieht damit eine evolutionäre Perspektive in die Betrachtung mit ein. Menschen, die aus den ersten sechs Weltsichten leben, sind nicht in der Lage, sich in Menschen, die aus einer anderen Weltsicht leben, hineinzuversetzen: Sie sehen die Welt durch die kurzsichtigen Überzeugungen ihrer Weltsicht. Sie sind nicht in der Lage, in die Fußstapfen derjenigen zu treten, die mit anderen Weltanschauungen operieren. Diejenigen, die zum Beispiel aus der Weitsicht des Nationen-Bewusstseins leben, sehen die Menschen, die aus der Weltsicht des Menschen-Bewusstseins agieren, als „verdammte" Liberale und die Menschen, die aus der Weltsicht des Menschen-Bewusstseins leben, sehen diejenigen, die aus der Weltsicht des Nationen-Bewusstseins agieren, als homophobe Rassisten.

Die Menschen, die aus der Weltsicht des Menschheits-Bewusstseins leben, sehen andere Weltsichten nicht durch den Blick miteinander konkurrierender Glaubensinhalte, sondern durch die Perspektive ihrer Werteprioritäten. Sie erkennen die Vertikalität des Bewusstseins: Menschen auf verschiedenen psychologischen Bewusstseinsstufen haben unterschiedliche Bedürfnisse. In der Weltsicht des Menschheits-Bewusstseins wird die Evolution des menschlichen Bewusstseins als ständig fortschreitender Prozess gesehen.

Chaos und Veränderung gelten im Menschheits-Bewusstsein als natürlich. Schwierigkeiten werden als Lernmöglichkeiten verstanden, statt als Probleme, die gelöst werden müssen. Menschen, die aus dieser Weltsicht leben, machen sich vielleicht Sorgen um die Zukunft, aber sie werden nicht ängstlich. Sie vertrauen auf das kollektive Wissen und die menschliche Kreativität, die allen Herausforderungen gewachsen sind.

Im Menschheits-Bewusstsein verdient man sich Respekt und Anerkennung; sie sind nicht von Macht, Autorität oder Wohlstand abhängig. Die Führung ergibt sich je nach Situation; sie basiert auf der Kompetenz und Kreativität des Menschen.

Die Justiz im Menschheits-Bewusstsein berücksichtigt, dass Menschen aufgrund der Konditionierungen in ihrer Kindheit Fehler machen. Die Rehabilitation wird durch psychologisch-therapeutische Unterstützung (die Veränderung limitierender Glaubenssätze) und Selbsterkenntnis – dem Verstehen des eigenen Wesens – vorangetrieben.

Im Menschheits-Bewusstsein entsteht eine neue Form von Demokratie, die nicht durch Macht, Autorität und Eliten, die ihren Status verbessern wollen, beherrscht wird. Hier arbeiten die Bürger gemeinsam an Lösungen, in deren Mittelpunkt das Wohl des Ganzen steht. In dieser Weltsicht gibt es keine Scheu vor Konflikten. Sie werden als Möglichkeiten gesehen, durch die Menschen wachsen und sich entwickeln können. Die Unterschiede zwischen politischen Parteien werden geringfügig. Die Entscheidungsfindung wird dezentral und auf die regionale oder lokale Ebene angepasst.

Um Herausforderungen wie die Verschmutzung der globalen Gemeingüter, der globalen Erderwärmung und internationalen Kriminalität gewachsen zu sein, entwickelt sich ein neues System der Global Governance (einer globalen Regierungsform) mit nationalen Repräsentanten auf regionaler Ebene und regionalen Repräsentanten auf globaler Ebene.[37] Die Vereinten Nationen werden völlig transformiert oder überflüssig.

Das Menschheits-Bewusstsein führt auch zu einem neuen Ansatz in der Bildung. Eine auf Werten basierende Bildung wird zur Norm. Zudem wird den Kindern von jungen Jahren an vermittelt, wie sie den Selbstausdruck ihrer Seele verwirklichen können, wie sie sich mit anderen Seelen verbinden können und wie sie zum Wohl der Menschheit beitragen können.

Gesundheit und Heilung basiert in der Weltsicht des Menschheits-Bewusstseins auf subtilen Energien. Dabei konzentriert man sich auf die Verbindung zwischen Ego und Seele. Der Körper wird als Energiefeld verstanden – das Instrument der Seele in der materiellen Dimension der Existenz. Wenn das Energiefeld des Menschen gesund ist – mit den Motivationen der Seele verbunden –, dann ist der Körper gesund.[38]

Die Kosmologie des Menschheits-Bewusstseins

Die Kosmologie des Menschen-Bewusstseins vereinte Menschen mit verschiedenen Religionen durch ein Bewusstsein für Werte, die Weltsicht des Menschheits-Bewusstseins wiederum vereint alle Menschen des Planeten – Menschen mit unterschiedlicher Ethnie, Nationalität und verschiedenen Geschlechtern – in einer übergreifenden Kosmologie, welche die Glaubenssysteme der Spiritualität, Wissenschaft und Psychologie in einem energetischen Bezugsrahmen des Verstehens vereint. Darin wird jeder Mensch als individueller Aspekt des universellen Energiefeldes anerkannt – als eine energetische Seele, welche im physischen Körper die dreidimensionale Wirklichkeit erlebt. Mit anderen Worten, jeder auf dem Planeten teilt das gleiche Identitätsgefühl und die gleichen humanitären Werte. Im Menschheits-Bewusstsein gibt es keine Formen von Diskriminierung. Es wird allgemein anerkannt, dass jeder, der jemand anderem etwas gibt, es einem anderen Aspekt seines Selbst gibt.

37 Richard Barrett, *Love, Fear and the Destiny of Nations*. Bath: Fulfilling Books, 2011.

38 Richard Barrett, *A New Psychology of Human Well-Being: An Exploration of the Influence of Ego-Soul Dynamics on Mental and Physical Health*. London: Fulfilling Books, 2016

Zusammenhänge mit der psychologischen Entwicklungsstufe der Selbstverwirklichung

Die Weltsicht des Menschheits-Bewusstseins korrespondiert mit der persönlichen Entwicklungsstufe der Selbstverwirklichung – mit einem Fokus auf innere Stimmigkeit (Verbindung zwischen Ego und Seele) und äußerer Stimmigkeit – durch eine gemeinsame Vision und geteilte Werte. Menschen, die aus dieser Bewusstseinsebene leben, wollen die Bestimmung ihrer Seele zum Ausdruck bringen. Sie wollen Ganzheit entwickeln. Sie wollen sich mit anderen Menschen in Gruppenstrukturen verbinden, die sich der Zukunft der Menschheit widmen.

Jenseits des Menschheits-Bewusstseins

Jenseits des Menschheits-Bewusstseins liegen zwei, gerade erst entstehende Ebenen der Identität und des Bewusstseins: das Erd-Bewusstsein und das Einheits-Bewusstsein. Im Erd-Bewusstsein erkennen wir, dass alle Lebewesen des Planten in einem energetischen Netz des Lebens miteinander verbunden sind. Sie sind individuelle Aspekte des Energiefeldes von Gaia – jedes Lebewesen ist für seine weitere Existenz vom Energiefeld der Erde abhängig. Das Einheits-Bewusstsein geht über das individuelle energetische Bewusstsein hinaus. Auf dieser Bewusstseinsebene erkennen wir, dass wir mit allem eins sind. Es gibt keine Trennung mehr. Wir transzendieren unser dreidimensionales materielles Bewusstsein und unser vierdimensionales energetisches Bewusstsein und sehen die Welt, in der wir leben, durch die Augen des Einheits-Bewusstseins.

Erd-Bewusstsein: Einen Beitrag leisten durch Verbundenheit und Empathie

In der Weltsicht des Menschheits-Bewusstseins bestand unsere Aufgabe darin, uns mit uns selbst zu verbinden – unser Ego vollkommen mit unserer Seele zu verbinden. In der Weltsicht des Erd-Bewusstseins besteht unsere Aufgabe darin, uns mit jeder anderen menschlichen Seele zu verbinden und mit ihr zusammenzuarbeiten, um die Menschheit zu unterstützen und unser Zuhause – unseren Planeten – zu schützen. Wir kehren zu unseren evolutionären Wurzeln zurück und werden zu einem neuen Stamm – ein Stamm von Seelen, die sich um alle anderen Seelen und um die Seele des Planeten kümmern. Die Ängste des Egos sind praktisch verschwunden und beeinflussen nicht länger unsere Entscheidungsfindung.

Auf persönlicher Ebene haben wir in der Weltsicht des Menschen-Bewusstseins gelernt, nach gemeinsamen Werten zu leben, und in der Weltsicht des Menschheits-Bewusstseins erfuhren wir, wie wir unsere Gaben und Talente entdecken können. In der Weltsicht des Erd-Bewusstseins entdecken wir, wie wir mit anderen kooperieren können, um unsere kollektiven Gaben und Talente zu nutzen, damit wir gemeinsam eine neue Welt schaffen. Das können wir nicht allein; wir schaffen es nur zusammen. Auf dieser Bewusstseinsebene gibt es eine weit verbreitete Erkenntnis, dass wir diejenigen sind, auf die die Welt gewartet hat.

Wir sehen uns selbst und die Welt, in der wir leben, als ein komplexes Energiesystem. Unsere Aufgabe besteht darin, unsere kollektiven Energien (das Energiefeld der Menschheit) auszugleichen, damit wir uns auf das Energiefeld des Planeten einstimmen (in Resonanz damit sind). Damit dies möglich wird, müssen wir dort ansetzen, wo die Energien nicht im Gleichgewicht sind – wo es die meiste Angst gibt –, also in den Nationen, denen es schwerfällt, ihre Grundbedürfnisse zu erfüllen und wo die Menschen noch kein vollständiges Selbst-Bewusstsein entwickelt haben. In diesem Sinne gelten die Nachhaltigen Entwicklungsziele der Vereinten Nationen als ein vielversprechender Anfang, um diese Ebene von Identität und Bewusstsein zu verwirklichen.

In der Weltsicht des Erd-Bewusstseins kehren wir zu einer gemeinschaftlichen Perspektive zurück, so wie im Stammes-Bewusstsein – aber nicht als verschiedene ethnische Gemeinschaften, sondern als ein globaler Stamm der Seelen. Darin ist jeder ein individueller Aspekt der Seele der Menschheit und wir leben innerhalb des individuellen Aspekts des universellen Energiefeldes, den wir als Erde bezeichnen.

Wir kehren zu einer gemeinschaftlichen Weltsicht zurück, aber nicht als Verstandes-Wesen, sondern als Energie-Wesen. Auf dieser Entwicklungsstufe besteht die Aufgabe für jeden Menschen darin, sich energetisch in das Energiefeld der Menschheit zu integrieren. Genauso ist es wichtig, dass sich das Energiefeld der Menschheit im Energiefeld des Planeten integriert. Dieser Impuls zeigt sich schon in der Bewegung hin zu einer nachhaltigen ökologischen Entwicklung auf planetarer Ebene.

Menschen, die aus dieser Weltsicht leben, verstehen den Holismus. Sie sehen, wie alle Dinge in das Ganze eingebettet sind: Sie sehen, dass Individuen in Familien eingebettet sind, die wiederum in Gemeinschaften eingebettet sind. Sie sehen, dass Gemeinschaften und Organisationen in Nationen eingebettet sind, die wiederum im lebendigen Organismus namens Erde eingebettet sind. Sie sehen die Allverbundenheit aller Dinge. Sie betrachten die Welt so, dass sie ein Zusammenspiel der Kräfte und Energien sehen. Sie verstehen, wie all die anderen Weltsichten agieren und im Ganzen integriert sind.

Die energetische Verbindung zwischen den Seelen wird gespürt und jede Seele hat Zugang zu dem, was C. G. Jung als das kollektive Unbewusste bezeichnete – den Wissensspeicher, der im universellen Energiefeld der Menschheit verborgen liegt. Gedanken werden hier auf dieser subtilen Bewusstseinsebene ausgetauscht, ohne sie aussprechen zu müssen.

Die Intentionen der Seele stehen hinter unseren Entscheidungen, dies wird auch als Inspiration bezeichnet. Unsere Intuition und Inspiration bewegen all unser Tun. Jeder von uns ist eine Seele mit einem Energiefeld, das sich als Körper im dreidimensionalen materiellen Bewusstsein manifestiert. Das Energiefeld ist unsere wahre Wirklichkeit.

Einheits-Bewusstsein: Dienst durch Hingabe und Mitgefühl

Nun kehren wir zur undifferenzierten Ganzheit zurück, indem wir lernen, aus der höchsten Ebene des menschlichen Bewusstseins zu leben: der Quanten-Ebene der Existenz. Wir verstehen, dass unsere kollektiven Überzeugungen unsere kollektive Wirklichkeit schaffen, und dass unsere persönlichen Überzeugungen unsere persönliche Realität schaffen. Wir sind die Mit-Schöpfer der Welt, die wir erfahren.

Auf dieser Bewusstseinsebene vertiefen wir uns in die Erfahrung des Seins. Es gibt keinen Fokus auf Vergangenheit oder Zukunft und es gibt keinerlei Trennung; Subjekt und Objekt werden eins. Wir leben in einem Zustand der Non-Dualität. Es ist schwer, mehr über das Einheits-Bewusstsein zu sagen, weil man es erfahren muss. Worte können dieser Ebene des Seins nicht gerecht werden.

Schlussfolgerungen

Aus dem Verständnis der Evolution der Weltsichten ergeben sich drei wichtige Schlussfolgerungen, die in diesen Stichpunkten zusammengefasst werden:

1. Die Entwicklung jeder neuen Weltsicht korrespondiert mit einer höheren Ebene der sozialen Integration – mehr Inklusion, weniger Trennung.
2. Die Entwicklung jeder neuen Weltsicht korrespondiert mit einer höheren Ebene sozialer Komplexität, während menschliche Gruppenstrukturen immer größer und ethnisch vielfältiger werden.
3. Jede weitere Entwicklung der sozialen Komplexität erfordert eine höhere Ebene der geistigen Funktionsfähigkeit und eine höhere Ebenen der Seelenintegration. Nur die Seele kann aus den höheren Ebenen von Identität und Bewusstsein agieren.

Die vorherrschende Weltsicht einer Gemeinschaft/Nation ist eine Reflexion der Bewusstseinsebene, aus der die Gemeinschaft/Nation agiert

Aus dem bisher Gesagten können wir schließen, dass die Weltsicht, aus der eine demokratische Gemeinschaft/Nation agiert, eine Reflexion der kollektiven psychologischen Entwicklungsstufen ist, aus denen die Mehrheit der Bevölkerung lebt. Gleichzeitig ist die Weltsicht, aus der ein autokratisches Regime agiert, eine Reflexion der individuellen psychologischen Entwicklungsstufen, aus der der Machthaber des Regimes lebt.

In naher Zukunft möchte ich einen Fragebogen entwickeln, mit dem man die vorherrschenden Weltsichten einer Gemeinschaft oder Nation messen kann. Aber bis dahin habe ich eine allgemeinere Methode entwickelt, die ich als den Global Consciousness Indicator (GCI) bezeichne – eine Möglichkeit, die Nationen in Bezug auf ihre jeweiligen Bewusstseinsebenen zu vergleichen.

Ich habe den GCI für Nationen erstellt, indem ich zwei oder drei schon bestehende globale Indikatoren für jede der Sieben Bewusstseinsebenen identifiziert habe. Dabei verwende ich beispielsweise den Global Peace Index (Weltfriedensindex)[39] als einen Indikator für die Bewusst-

39 Anmerkung des Übersetzers: Der Global Peace Index ist der Versuch, die Friedfertigkeit von Nationen und Regionen anhand eines relativen Vergleiches darzustellen. Erstellt und herausgegeben wird er durch ein Internationales Gremium bestehend aus Friedensexperten, Friedensinstituten, Expertenkommissionen und dem Zentrum für Frieden und Konfliktstudien der Universität Sydney, in Kooperation mit der britischen Zeitschrift *The Economist*. https://bit.ly/2YGGxYv

seinsebene der Beziehung und den Demokratieindex[40] als einen Indikator für die Bewusstseinsebene der Transformation. Insgesamt habe ich 17 Indikatoren verwendet, um den GCI für 145 Nationen zu ermitteln. Die Daten für jeden globalen Indikator habe ich normiert – mit einer Höchstpunktzahl von 100 und der niedrigsten Punktezahl von null Punkten –, um einen allgemeinen Wert für jede Bewusstseinsebene zu erhalten. Diese Werte habe ich dann zusammengezählt, um einen allgemeinen Wert für jede Nation zu erhalten.

Um die Richtigkeit der Ergebnisse zu überprüfen, habe ich die GCI-Werte der Nationen mit den Werten des Happiness Indicator (HI) der Nationen verglichen.[41] Dabei habe ich für die Übereinstimmung einen Faktor von 0,7189 ermittelt, der auf eine moderate bis starke positive Korrelation zwischen dem Happiness Indicator und dem Global Consciousness Indicator verweist. Die Abbildung 4.1 vergleicht die Kurve der HI-Werte mit den GCI-Werten. Die Korrelation zwischen den HI- und GCI-Werten ist besonders stark in den entwickelten Nationen: Das lässt darauf schließen, dass die Nationen mit den höchsten Werten in Bezug zu Bewusstsein, auch die höchsten Werte beim Glück erhalten: Es gibt also eine symbiotische Beziehung zwischen Bewusstsein und Glück.

40 Anmerkung des Übersetzers: Der Demokratieindex ist ein von der Zeitschrift *The Economist* berechneter Index, der den Grad der Demokratie in 167 Ländern misst (siehe auch Demokratiemessung). https://bit.ly/2DV1IL5

41 World Happiness Report at https://bit.ly/2S1pyNT

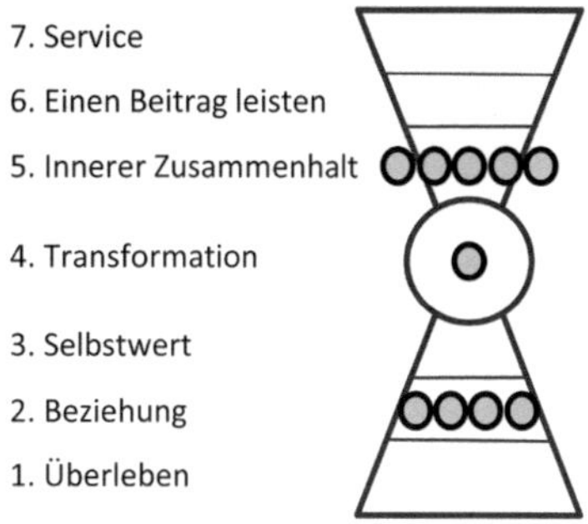

1. Familie (2)	199.671
2. Humor/Spaß (5)	164.720
3. Fürsorglichkeit (2)	152.588
4. Respekt (2)	149.577
5. Freundschaft (2)	139.698
6. Vertrauen (5)	135.780
7. Einsatzbereitschaft/Engagement (5)	134.181
8. Begeisterung (5)	134.082
9. Kreativität (5)	131.019
10. Kontinuierliches Lernen (4)	130.125

Abb. 4.1: Happiness Indicator HI Rankings vs. Global Consciousness Indicator GCI Ranking.

In der Folge ermittelte ich noch eine weitere Korrelation: Ich verglich die GCI-Werte mit den Werten des GAPFRAME (GF) der Business School of Lausanne. GAPFRAME übersetzt die 17 UN-Ziele für Nachhaltige Entwicklung in national relevante Themen und Indikatoren, die zeigen, wo sich ein Land heute im Vergleich zum Idealzustand in der Zukunft befindet.[42] Die ranghöchsten Nationen sind diejenigen, die den kleinsten Unterschied zwischen dem jetzigen und der SDG haben. In diesem Vergleich ermittelte ich einen Korrelationsfaktor von 0,8440, der auf eine moderate bis starke Korrelation zwischen dem Global Consciousness Indicator und dem GAPFRAME Indicator hinweist.

Die Korrelation zwischen den GCI- und den GF-Werten ist in den weit entwickelten Ländern besonders groß. Das lässt darauf schließen, dass die Nationen mit den höchsten Werten in Bezug zum Bewusstsein auch die höchsten Werte bei der Umsetzung der Ziele für nachhaltige Entwicklung erreichen. Mit anderen Worten, es besteht eine symbiotische Beziehung zwischen Bewusstsein und Nachhaltigkeit.

42 http://gapframe.org/

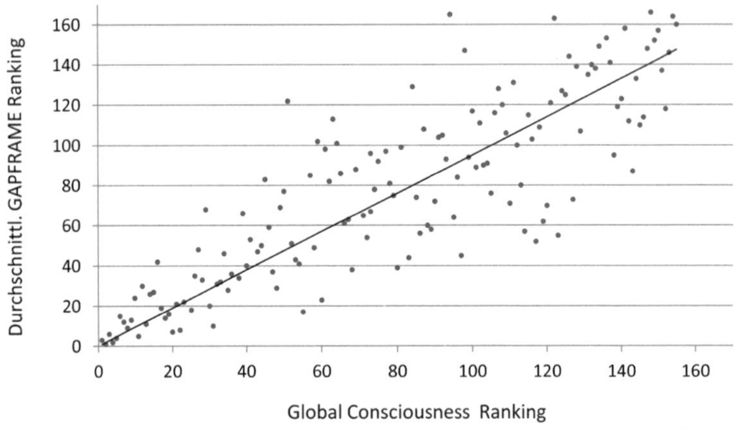

Abb. 4.2: GAPFRAME GF vs. Global Consciousness Indicator GCI.

Diese moderaten bis starke Korrelationen zwischen Bewusstsein und Glück oder Bewusstsein und Nachhaltigkeit deuten darauf hin, dass sich mit der Entwicklung des Bewusstseins auch das allgemeine Wohlergehen der Menschheit verbessert.

Nachdem ich mich vergewissert hatte, dass die GCI-Werte eine ausgeprägte Korrelation mit den Werten anderer Daten hatten, die mit dem Bewusstsein in Beziehung stehen, habe ich die Skala des Global Consciousness Indicator als Mittel genutzt, um die vorherrschenden Weltsichten von 145 Nationen zu ermitteln.

Die Nationen mit den höchsten Werten habe ich so eingeschätzt, dass sie aus dem Menschen-Bewusstsein agieren, dazu gehören Finnland, Norwegen, Dänemark, die Schweiz, Schweden, Island und Neuseeland.

Die nächste Gruppe von Nationen bilden diejenigen, die aus dem Welt-Bewusstsein agieren, wie Kanada, Australien, Luxemburg, Irland, Holland, Deutschland, Österreich, Großbritannien und Belgien.

Weil die GCI-Werte ein Spektrum des Bewusstseins darstellen, können wir sagen, dass die Nationen an der Spitze einer Gruppe nahe daran sind, sich in die nächste Weltsicht zu entwickeln. Diejenigen am unteren Ende einer Gruppe sind nahe daran, aus der vorhergehenden Weltsicht zu agieren. Deshalb kann man zum Beispiel sagen, dass Kanada nahe daran ist, aus der Weltsicht des Menschen-Bewusstseins zu agieren.

Die nächste Gruppe bilden Länder, die aus einem Nationen-Bewusstsein agieren, dazu gehören die USA, Singapur, Slowenien, Frankreich, Spanien, Malta, Portugal, Japan, Costa Rica, Uruguay, Estland, Chile und Italien. Von den USA, Singapur und Slowenien kann man sagen, dass sie nahe daran sind, sich in das Welt-Bewusstsein zu entwickeln, und bei Estland, Chile und Italien kann man davon ausgehen, dass sie eher dem Staaten-Bewusstsein nahestehen.

Die nächste Gruppe bilden die Nationen, die aus einem Staaten-Bewusstsein agieren. Diese Gruppe habe ich in drei Bereiche aufgeteilt. In den obersten Bereich gehören Nationen, die sich in Richtung Nationen-Bewusstsein entwickeln, wie Zypern, Mauritius und Polen.

In den mittleren Bereich des Staaten-Bewusstseins finden sich Nationen wie Thailand, Vietnam und Indonesien in Fernost, Kolumbien, Ecuador und Peru in Südamerika sowie Tunesien, die Türkei und Marokko im Nahen Osten. In dem mittleren Bereich finden sich auch Nationen, die aus einer Grundlage des Stammes-Bewusstseins agieren, wie Ghana, Sambia, Gabun, Ruanda, Kenia, der Senegal und Tansania.

In dem unteren Bereich finden sich einige afrikanischen Länder südlich der Sahara sowie Iran, Indien, Ägypten, Bangladesch, Afghanistan und Nordkorea.

Diese Klassifikationen der Weltsicht nach den jeweiligen Bewusstseinsebenen sind möglicherweise nicht völlig präzise, aber ich denke, sie geben uns eine sehr aufschlussreiche „vertikale" Perspektive, durch die wir die Bewusstseinsevolution der Nationen betrachten können.

Die Messung des inneren Zusammenhalts durch die Durchführung eines Nationalen Werte-Assessments

Nationen erleben ein hohes Maß an innerem Zusammenhalt – niedrige Werte für Kulturelle Entropie –, wenn die Mehrheit der Menschen die gleiche Weltsicht teilen und die Führungskräfte/Regierenden den Bürgern erlauben, nach dieser Weltsicht zu leben. Mit anderen Worten, die Führungskräfte oder die Regierenden eines Landes schaffen die Bedingungen, die es der Mehrheit der Menschen erlauben, ihre Bedürfnisse auf der psychologischen Entwicklungsstufe zu erfüllen, auf der sie sich befinden.

Wir können mit den Cultural Transformation Tools messen, inwieweit die vorherrschende Weltsicht in einer Nation Zustimmung findet, indem wir ein Nationales Werte-Assessment durchführen und den Wert für Kulturelle Entropie ermitteln. Ein niedriger Wert für Kulturelle Entropie deutet darauf hin, dass die vorherrschende Weltsicht unter den Menschen hohe Zustimmung findet – daraus ergibt sich ein starker innerer Zusammenhalt. Ein hoher Wert für Kulturelle Entropie besagt, dass die vorherrschende Weltsicht unter den Menschen wenig Zustimmung findet – das deutet auf einen schwachen inneren Zusammenhalt hin.

Die Tabelle 4.3 zeigt die Werte für Kulturelle Entropie in 25 Nationen, bei denen das Barrett Values Centre (zwischen 2007 und 2017) Nationale Werte-Assessments durchgeführt hat. Bei den Nationen, die mit einem Sternchen markiert sind, wurden mehrere Nationale Werte-Assessments durchgeführt. Die Jahre, in denen diese Assessments durchgeführt und die Werte für Kulturelle Entropie ermittelt wurden, sind unter der Tabelle 4.3 aufgelistet.

Aus dieser Tabelle entnehmen wir, dass Dänemark (2008), die Schweiz (2011), Bhutan (2007) und die Vereinigten Arabischen Emirate (VAE) (2012) allesamt einen niedrigen Wert für Kulturelle Entropie aufweisen (weniger als 30 %), was auf einen starken sozialen Zusammenhalt hinweist – die Zustimmung zur vorherrschenden Weltsicht. In der nächsten Gruppe der Länder mit einer großen Zustimmung zur vorherrschenden Weltsicht – mit Werten für Kulturelle Entropie von weniger als 40 % und mehr als 29 % – finden wir Schweden (2009 und 2010), Kanada (2010), Singapur (2015), Australien (2016), Königreich Saudi-Arabien (KSA) (2016).

Zur nächsten Gruppe von Nationen mit niedriger Zustimmung zur vorherrschenden Weltsicht und mit Werten für Kulturelle Entropie zwischen 40 % und 60 % gehören Island (2008 und 2010), Schweden (2011 und 2017), Großbritannien (2012), USA (2009 und 2011), Lettland (2007), Brasilien (2010), Nigeria (2012), Slowakei (2016) und Türkei (2016). Die Nationen mit der niedrigsten Zustimmung zur vorherrschenden Weltsicht – mit Werten für Kulturelle Entropie über 60 % – waren Island (2016), Italien (2012), Südafrika (2011), Frankreich (2013 bis 2016), Venezuela (2009), Trinidad und Tobago (2012) und Ungarn (2012).

Tabelle 4. 3. Die Ebenen von Identität/Bewusstsein (Weltsichten) und die Werte für Kulturelle Entropie in 25 Nationen.

Menschen-Bewusstsein	Welt-Bewusstsein
Dänemark 21 % (2008)	Kanada 32 % (2010)
Island* 54 % (2008)	Großbritannien 59 % (2012)
Schweiz 26 % (2011)	Belgien 53 % (2010)
Finnland* 49 % (2011)	Singapur* 37 % (2015)
Schweden* 46 % (2017)	Australien 39 % (2016

Nationen-Bewusstsein	Staats-Bewusstsein
USA* 56 % (2011)	Bhutan 4 % (2007)
Italien 73 % (2012)	Lettland 54 % (2007)
Frankreich* 65 % (2016)	Venezuela 72 % (2009)
	Brasilien 51 % (2010)
	Südafrika 62 % (2011)
	Trinidad 75 % (2012)
	Ungarn 82 % (2012)
	Nigeria 57 % (2012)
	Vereinigte Arabische Emirate 12 % (2012)
	Saudi-Arabien 34 % (2016)
	Slowakei 59 % (2016)
	Türkei 52 % (2016

* In den Ländern, die mit einem Sternchen gekennzeichnet sind, wurde das Nationale Werte-Assessment zwei Jahre oder länger durchgeführt:

- Island 43 % (2010), 61 % (2016)
- Finnland 48 % (2010), 49 % (2012)
- Frankreich 57 % (2012), 65 % (2013), 65 % (2014), 61 % (2015)
- Singapur 41 % (2012)
- Schweden 31 % (2009), 34 % (2010), 42 % (2011), 43 % (2012), 47 % (2013), 43 % (2014), 47 % (2016)
- USA 52 % (2009)

Bis vor Kurzem bin ich fälschlicherweise davon ausgegangen, dass die demokratischsten Staaten den stärksten sozialen Zusammenhalt und den niedrigsten Wert für Kulturelle Entropie aufweisen. Deshalb viel es mir schwer zu erklären, warum der Wert für Kulturelle Entropie in Island im Jahre 2008 bei 52% lag und die Vereinigten Arabischen Emirate im

Jahre 2012 mit 12% einen niedrigen Wert für Kulturelle Entropie zeigten. Laut dem Demokratieindex kam Island in Bezug zur Entwicklung der Demokratie im Jahre 2012 auf den zweiten Platz und die Vereinigten Arabischen Emirate auf Platz 147. Deshalb erwartete ich, dass die Menschen in Island einen stärkeren sozialen Zusammenhalt aufwiesen als die Menschen in den Vereinigten Arabischen Emiraten. Aber in Wahrheit war es genau umgekehrt.

Dadurch erkannte ich, dass die Kulturelle Entropie ein Wert ist, der zeigt, wie sehr die Mehrheit der Bürger eines Landes der momentan vorherrschenden Weltsicht zustimmt. Der Mangel an innerem Zusammenhalt in Island – mit einem hohen Wert für Kulturelle Entropie – war ein Zeichen dafür, dass die Mehrheit der Bürger in Island den Eindruck hatten, dass die Aktuelle Kultur des Landes nicht im Einklang mit der vorherrschenden Weltsicht (Menschen-Bewusstsein) war. Andererseits war der hohe innere Zusammenhalt in den Vereinigten Arabischen Emiraten – mit einem niedrigen Wert für Kulturelle Entropie – ein Zeichen dafür, dass die Aktuelle Kultur im Einklang mit der vorherrschenden Weltsicht (Staaten-Bewusstsein) war. In den Vereinigten Arabischen Emiraten traf dies sowohl für Männer (12 %) als auch Frauen (11 %) zu.

Als ich im September 2008 Island besuchte, um die Ergebnisse des Nationalen Werte-Assessments zu präsentieren, teilte ich folgende Beobachtung: Wenn Island eine Organisation mit einem solchen Wert für Kulturelle Entropie wäre, dann würde sie bald bankrottgehen. Zwei Wochen später war Island bankrott. Die Gründe für den hohen Wert der Kulturellen Entropie waren die Werte und das Verhalten der Mächtigen: die Banker und regierenden Politiker.

Das Assessment für Island

Die Abbildung 4.3 zeigt die Ergebnisse des Nationalen Werte-Assessments für Island, das 2008 durchgeführt wurde. An dieser statistisch stichhaltigen Befragung nahmen 635 Menschen teil. In der Tabelle 4.4 werden die Wertesprünge für Island dargestellt.

In der Aktuellen Kultur in Island gab es acht potenziell limitierende Werte, was auf einen erheblichen Mangel an sozialem Zusammenhalt hindeutete. Es gab keine Übereinstimmungen zwischen den Persönlichen Werten und der Aktuellen Kultur und zwischen der Aktuellen Kultur und der Gewünschten Kultur. Es gab vier Übereinstimmungen zwischen den

Persönlichen Werten und den Gewünschten Kulturellen Werten: Ergebnisverantwortung, Familie, Finanzielle Sicherheit und Ehrlichkeit.

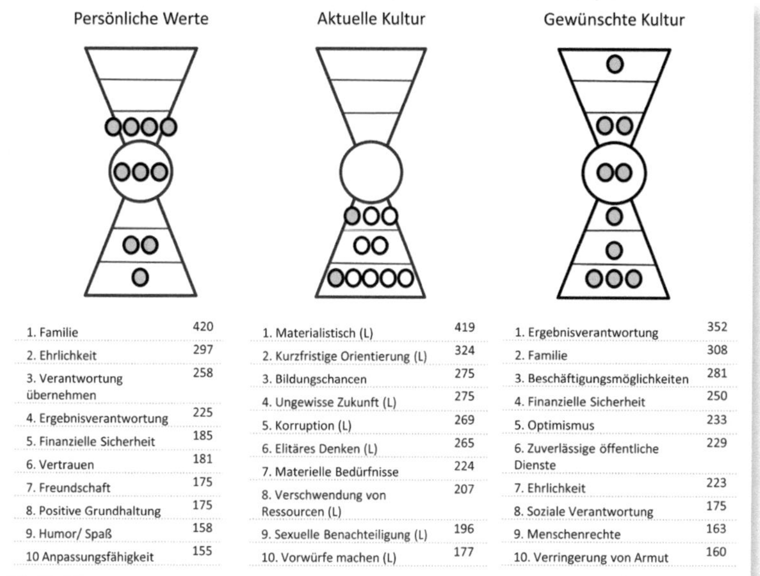

Abb. 4.3. Das Werte-Assessment für Island (2008).

Tabelle 4.4: Wertesprünge für Island (2008).

Werte	Stimmen für die Aktuelle Kultur	Stimmen für die Gewünschte Kultur	Wertesprung
Ergebnisverantwortung	10	352	342
Beschäftigungsmöglichkeiten	51	281	230
Finanzielle Sicherheit	38	250	212
Ehrlichkeit	14	223	209
Familie	105	308	203
Zuverlässige öffentliche Dienste	37	229	192
Optimismus	48	233	185
Verringerung von Armut	13	160	147

Aus dieser Übersicht über die Wertesprünge wurde klar, dass der Mangel an sozialem Zusammenhalt in Island auf Probleme mit Ergebnisverantwortung und Ehrlichkeit sowie wirtschaftliche Sorgen (Beschäftigungsmöglichkeiten, Finanzielle Sicherheit und Verringerung von Armut) zurückzuführen war.

Das Assessment für die Vereinigten Arabischen Emirate

Die Abbildung 4.4 zeigt die Ergebnisse des Nationalen Werte-Assessment für die Vereinigten Arabischen Emirate, das 2012 durchgeführt wurde. An dieser statistisch stichhaltigen Befragung nahmen mehr als 4000 Menschen teil. In der Tabelle 4.5 werden die Wertesprünge für die Vereinigten Arabischen Emiraten dargestellt.

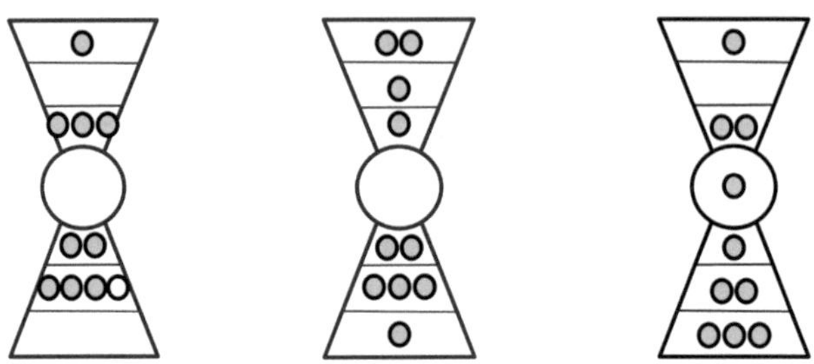

Persönliche Werte		Aktuelle Kultur		Gewünschte Kultur	
1. Familie	1315	1. An künftige Generationen denken	1160	1. Beschäftigungsmöglichkeiten	1179
2. Respekt	1301	2. Respekt	1041	2. An künftige Generationen denken	1051
3. Leistungsorientierung	1210	3. Stolz auf die Gemeinschaft	1032	3. Finanzielle Sicherheit	973
4. Ehrgeiz	1095	4. Kreativität	912	4. Bezahlbarer Wohnraum	904
5. Ehrlichkeit	1078	5. Familie	899	5. Kreativität	895
6. Ethisches Verhalten	1070	6. Frieden	897	6. Familie	869
7. Einsatzbereitschaft/ Engagement	973	7. Bildungschancen	861	7. Respekt	857
8. Fürsorglichkeit	947	8. Ästhetik	818	8. Ehrlichkeit	770
9. Gemocht werden (L)	942	9. Loyalität	788	9. Innovation	765
10. Kooperation/ Zusammenarbeit	880	10. Bezahlbarer Wohnraum	768	10. Stolz auf die Gemeinschaft	753

Abb. 4.4: Werte-Assessment für die Vereinigten Arabischen Emirate (2012).

In der Aktuellen Kultur gab es keine potenziell limitierenden Werte. Es gab zwei übereinstimmende Werte bei den Persönlichen Werten und der Aktuellen Kultur: Familie und Respekt. Es gab sechs Übereinstimmungen bei den Werten der Aktuellen und der Gewünschten Kultur: An künftige Generationen denken, Respekt, Stolz auf die Gemeinschaft, Kreativität, Familie und bezahlbarer Wohnraum. Es gab drei übereinstimmende Werte von den Persönlichen Werten und der Gewünschten Kultur: Familie, Respekt und Ehrlichkeit. Die hohe Zahl der Übereinstimmungen zwischen der Aktuellen und der Gewünschten Kultur und das Fehlen von potenziell limitierenden Werten in der Aktuellen Kultur deuteten auf einen starken sozialen Zusammenhalt hin.

Tabelle 4.5: Wertesprünge für die Vereinigten Arabischen Emirate (2012).

Werte	Stimmen für die Aktuelle Kultur	Stimmen für die Gewünschte Kultur	Wertesprung
Beschäftigungsmöglichkeiten	527	1179	652
Verringerung von Armut	290	567	277
Leistungsfähiges Gesundheitswesen	485	740	255
Gleichbehandlung	307	554	247
Transparenz	270	503	233
Finanzielle Sicherheit	746	973	227
Wertebewusstsein	293	498	205
Selbstsicherheit	367	559	192
Ergebnisverantwortung	422	612	190
Naturschutz	433	622	189

Durch die Wertesprünge wird ersichtlich, dass zu dieser Zeit das wichtigste Thema in den Vereinigten Arabischen Emiraten die Arbeitslosigkeit war. Den Bürgern war es auch wichtig, dass mehr für Verringerung von Armut und für eine effektive Gesundheitsversorgung getan wird. Auch soziale Fragen wie Gleichheit, Transparenz und Wertebewusstsein erhielten große Aufmerksamkeit.

Schlussfolgerungen

Meine Einsicht, dass der soziale Zusammenhalt in einer Nation mit der Fähigkeit der Bürgerinnen und Bürger verbunden ist, ihre Bedürfnisse auf der kollektiven psychologischen Entwicklungsstufe zu erfüllen (Weltsicht), auf der sie leben, war für mich eine wichtige Lernerfahrung. In Anbetracht dieser Einsicht habe ich die Ergebnisse des Nationalen Werte-Assessments, die ich in 25 Ländern durchgeführt habe, neu bewertet. Dabei bemerkte ich, dass ich die Ergebnisse in fünf Kategorien aufteilen konnte:

- Nationen, in denen die gesellschaftlichen Bedingungen stabil sind.
- Nationen, in denen die gesellschaftlichen Bedingungen stabil sind, sich aber verschlechtern.
- Nationen, in denen ein großer Teil der Bevölkerung einen Wandel in die nächst höhere Weltsicht wünscht.
- Nationen, in denen ein großer Teil der Bevölkerung einen Wandel in die vorhergehende Weltsicht wünscht.
- Nationen, in denen die Machthaber einen Wandel in die vorhergehende Weltsicht wünscht, aber ein großer Teil der Bevölkerung die aktuelle Weltsicht beibehalten will.

Nationen, in denen die gesellschaftlichen Bedingungen stabil sind

Die Auswertung der Ergebnisse des Nationalen Werte-Assessments zeigte acht Nationen, die zur Zeit der Durchführung der Befragungen in diese Kategorie fielen. Dies waren Länder, deren Wert für Kulturelle Entropie bei weniger als 40 % lag: Australien (39%), Singapur (37%), Saudi-Arabien (34%), Kanada (29%), Schweiz (26%), Dänemark (21%), Vereinigte Arabische Emirate (12%) und Bhutan (4%). Einige dieser Nationen agierten aus der Weltsicht des Menschen-Bewusstseins (Schweiz und Dänemark), andere agierten aus der Weltsicht des Welt-Bewusstseins (Kanada, Singapur und Australien) und einige agierten aus dem Staaten-Bewusstsein (Saudi-Arabien, Vereinigte Arabische Emirate, Bhutan). In den drei letztgenannten Nationen war der Wert für Kulturelle Entropie bei Frauen und Männern genau gleich oder unterschied sich nur um einen Prozentpunkt.

Nationen, in denen die gesellschaftlichen Bedingungen stabil sind, sich aber verschlechtern

Die Auswertung der Ergebnisse des Nationalen Werte-Assessments zeigte drei Nationen, die in diese Kategorie fielen (Nationen mit einem hohen Wert von Kultureller Entropie): Island (61%), Finnland (49%) und Schweden (von 42% im Jahre 2011 zu 47% im Jahre 2017). Diese Länder agierten aus einem Menschen-Bewusstsein, aber es gibt gesellschaftliche Trends, die zu einem Wandel zur vorherigen Weltsicht des Welt-Bewusstseins führten.

Nationen, in denen ein großer Teil der Bevölkerung einen Wandel in die nächst höhere Weltsicht wünscht

Die Auswertung der Ergebnisse des Nationalen Werte-Assessments zeigte, dass neun Länder in diese Kategorie fielen. Die Bevölkerung Belgiens wünschte sich einen Aufwärtstrend, vom Welt-Bewusstsein zum Menschen-Bewusstsein. Die Menschen in Frankreich und Italien wünschten sich einen Wandel vom Nationen-Bewusstsein zum Welt-Bewusstsein. Die Einwohner der Slowakei, von Trinidad und Tobago, Lettland und Brasilen wünschten sich einen Wandel vom Staats-Bewusstsein zum Nationen-Bewusstsein. Und die Menschen in Südafrika und Nigeria wünschten sich einen Wandel zum Staats-Bewusstsein.

Nationen, in denen ein großer Teil der Bevölkerung einen Wandel in die vorhergehende Weltsicht wünscht

Die Auswertung der Ergebnisse des Nationalen Werte-Assessments zeigte, dass die USA und Großbritannien in diese Kategorie fielen. Eine knappe Mehrheit der Bevölkerung in diesen Ländern wünschte sich einen Wandel vom Welt-Bewusstsein zum Nationen-Bewusstsein. Für diesen Wandel zur vorhergehenden Weltsicht gibt es zwei Gründe:

Zum einen wurde ein signifikanter Anteil der Bevölkerung dieser Länder in den letzten Jahrzehnten (wirtschaftlich) abgehängt, was zu zunehmender Ungerechtigkeit und Armut führte. Außerdem gab es in beiden Nationen wiederholt Terrorangriffe fundamentalistischer religiöser Gruppen. Das führte zum Rückzug aus dem Welt-Bewusstsein (Liberalismus) hin zum Nationen-Bewusstsein (Nationalismus).

Nationen, in denen die Machthaber einen Wandel in die vorhergehende Weltsicht betreiben

Die Auswertung der Ergebnisse des Nationalen Werte-Assessments zeigte, dass Venezuela und die Türkei in diese Kategorie fielen. Die Machthaber dieser Länder strebten nach mehr Macht und Kontrolle: Sie versuchten, ihre Nationen in eine tiefere (und radikalere) Form des Staats-Bewusstseins zu bewegen.

Hierbei möchte ich hervorheben, dass ich diese Anmerkungen nur geben kann, weil wir in diesen Ländern ein Nationales Werte-Assessment durchgeführt haben.

Längsschnittbeobachtung von Veränderungen beim gesellschaftlichen Zusammenhalt der Nationen

Bis heute haben wir nur zwei Beispiele, bei denen wir ein Nationales Werte-Assessment über einen Zeitraum von mehreren Jahren durchgeführt haben: in Frankreich und Schweden. In beiden Fällen wurden die Werte-Assessments von privaten Sponsoren finanziert, die in ihren Ländern eine wertebasierte Kultur befördern möchten.

Frankreich

Die Tabelle 4.6 zeigt die Werte für Kulturelle Entropie für Frankreich (2012–2016).

Tabelle 4.6: Die Werte für kulturelle Entropie in Frankreich (2012 – 2016).

Jahr	2012	2013	2014	2015	2016
Kulturelle Entropie	57 %	65 %	65 %	61 %	65 %

Anmerkungen zu den Werten für Kulturelle Entropie in Frankreich

Das erste Nationale Werte-Assessment in Frankreich wurde 2012 durchgeführt, als Präsident Sarkozy noch im Amt war. Damals betrug der Wert für Kulturelle Entropie 57%. Es herrschte Unruhe im Land, weil viele Menschen wütend auf Sarkozy waren, weil dieser ihre Bedürfnisse nicht erfüllte. In diesem Jahr wurde er dann auch aus dem Amt gewählt. Viele Menschen verbanden große Hoffnungen mit der Wahl des Sozialdemokraten François Hollande: Sie erwarteten, dass die Arbeitslosigkeit sinken würde. Aber nach einem Jahr hatte sich nichts geändert. Die wirtschaftlichen Indikatoren hatten sich nicht verbessert und die Skandale um Hollandes Privatleben zogen das öffentliche Interesse auf sich. Die französische Bevölkerung fühlte sich betrogen und im Stich gelassen. Der Wert für Kulturelle Entropie erhöhte sich 2013 auf 65% und blieb im folgenden Jahr genauso hoch.

Merkwürdigerweise führte das terroristische Attentat auf die Redaktion der Satirezeitschrift *Charlie Hebdo*, bei der zwölf Menschen starben, dazu, dass der Wert für Kulturelle Entropie auf 61% sank (und den sozialen Zusammenhalt verstärkte). Die emotionale Anteilnahme, die durch dieses Attentat ausgelöst wurde, überzeugte die Menschen mehr denn je davon, den Wert der Meinungsfreiheit (Charlie Hebdo gilt als Verfechter der Meinungsfreiheit) und die Trennung von Religion und Staat wertzuschätzen. Die Franzosen kamen in der Solidarität mit den Opfern und der Abscheu gegenüber den Terroristen näher zusammen.

Im folgenden Jahr wurde das Werte-Assessment wenige Tage nach dem Terrorangriff in Nizza, bei dem 85 Menschen getötet wurden, durchgeführt. Dieses Ereignis verstärkte die öffentliche Wahrnehmung des Terrorismus: Der soziale Zusammenhalt verringerte sich und der Wert für Kulturelle Entropie stieg wieder auf 65 %.

Anmerkungen zu den Wertesprüngen in Frankreich

Zwei der größten Wertesprünge in Frankreich waren bemerkenswert konstant. Wirksamkeit der Regierung und Gerechtigkeit wurden in jedem Jahr zwischen 2012 und 2016 erwähnt. Die Beschäftigungsmöglichkeiten wurden in vier von den fünf Jahren genannt.

Die Regierung Hollande war sehr ineffizient. Infolgedessen wurde Jahr für Jahr Wirksamkeit der Regierung zum Wertesprung Nummer eins. Die großen Hoffnungen auf mehr Arbeitsplätze und ein effizienteres Justizsystem erfüllten sich nicht (es dauerte Jahre, um in Frankreich einen Rechtsstreit zu lösen). Die Ineffizienz des Justizsystems führte zu dem Eindruck, dass man der Strafe entgeht, wenn man sich einen guten Anwalt leisten kann.

Weil der favorisierte Präsidentschaftskandidat im Jahre 2017, Francois Fillon, nicht dem Wert der Ehrlichkeit, einem der wichtigsten Persönlichen Werte der Franzosen, entsprechen konnte, sank seine Popularität. Das machte den Weg frei für Emmanuel Macron, der zum neuen Präsidenten gewählt wurde. Wieder gibt es große Hoffnungen auf einen Wandel in Frankreich. Inwieweit sich diese Hoffnungen erfüllen, werden weitere Werte-Assessments zeigen. Eine interessante Beobachtung ist, dass die Terrorgefahr in Frankreich dazu geführt hat, dass der Wert Frieden 2016 einer der fünf wichtigsten Wertesprünge wurde.

Schweden

Die Tabelle 4.7. zeigt die Werte für Kulturelle Entropie in Schweden (2009–2017).[43]

Tabelle 4.7: Die Werte für Kulturelle Entropie in Schweden (2009–2017).

Jahr	2009	2010	2011	2012
Kulturelle Entropie	31 %	34 %	42 %	43 %

Jahr	2013	2014	2016	2017
Kulturelle Entropie	47 %	43 %	47 %	46 %

Anmerkungen zu den Werten für Kulturelle Entropie in Schweden

Die Werte für Kulturelle Entropie in Schweden stiegen von 31 % im Jahre 2009 und 34 % im Jahre 2010 auf 47 % im Jahr 2016 und 47 % im Jahr 2017. Das deutet darauf hin, dass sich der soziale Zusammenhalt in diesem Zeitraum verringert hat. Im ersten Teil dieses Zeitraums hatte die globale Wirtschaftskrise 2008 bis 2009 eine starke Auswirkung auf die Wirtschaft Schwedens. Dadurch stiegen Ängste bezüglich der finanziellen Sicherheit und der Arbeitslosigkeit, wodurch auch potenziell limitierende Werte wie unsichere Zukunftsaussichten, Materialismus, Vorwürfe machen und ein kurzfristiger Fokus zunahmen.

Im zweiten Teil dieses Zeitraums gab es eine starke Zunahme von Immigranten. Dies verstärkte Zukunftsängste, was zur Zunahme potenziell limitierender Werte beitrug, wie Gewalt und Verbrechen, Konflikte, Aggression und Hass. Aufgrund dieser beiden Ereignisse – die globale Wirtschaftskrise und die Aufnahme von Flüchtlingen – fällt es den Menschen in Schweden schwerer, im Menschen-Bewusstsein zu leben, weshalb sich der soziale Zusammenhalt verringerte.

Anmerkungen zu den Wertesprüngen in Schweden

Die größten Wertesprünge in Schweden sind bemerkenswert konstant. Beschäftigungsmöglichkeiten, An künftige Generationen denken und Finanzielle Sicherheit waren jedes Jahr unter den wichtigsten fünf Wertesprüngen. Fürsorge für Ältere wurde in sechs der acht Jahre genannt,

43 Im Jahre 2015 wurde kein Nationales Werte-Assessment durchgeführt.

Leistungsfähiges Gesundheitswesen war in den letzten sechs Jahren unter den wichtigsten Werten der Gewünschten Kultur.

Das konstante Auftreten der Wertesprünge ist unserer Ansicht nach zum großen Teil darauf zurückzuführen, dass die Regierenden in Schweden die Bedürfnisse der Bevölkerung aus dem Blick verloren haben. Die sozialen Bedingungen verändern sich, aber die Politik und die Einstellung der Politiker verändern sich nicht. Der einzige Bereich, der eine gewisse Aufmerksamkeit erhalten hat, ist das Leistungsfähige Gesundheitswesen, wahrscheinlich aus dem Grund, weil dieses Thema in den letzten Jahren stetig mediale Aufmerksamkeit erhalten hat.

Schlussfolgerungen

Was wir in diesen Längschnittbeoachtungen sehen, ist die Möglichkeit, ein Werte-Dashboard zur Messung der Kulturellen Gesundheit einer Nation zu erstellen. Das ist genau das, was wir in Unternehmen tun. Die Daten über Werte werden zu einem starken Indikator für das Ausmaß des inneren Zusammenhalts und für die Kernthemen, die in den Kulturen von Organisationen, Gemeinschaften oder Nationen angegangen werden müssen. Wenn man die Daten demografisch auswertet – nach Alter, Geschlecht, Ethnie, Religion, sozialen Status usw. – können wir beim Vergleich der Werte, die wir Jahr für Jahr ermittelt haben, sofort sehen, wo sich soziale Druckpunkte aufbauen und Maßnahmen ergreifen, um diese Spannungen auflösen, bevor sie zu gesellschaftlicher Unruhe führen.

Die Evolution des menschlichen Bewusstseins hängt von den Führungskräften ab

Gemeinschaften und Nationen wachsen und entwickeln sich auf die gleiche Weise wie Individuen, indem sie die Entwicklungsebenen von Identität und Bewusstsein (ihrer Bürger) erweitern. Das wird nur möglich, wenn die Führenden die Bedingungen schaffen, die die Bürger darin unterstützen, ihre Bedürfnisse auf der psychologischen Entwicklungsstufe zu erfüllen, auf der sie sich befinden. Nur wenn die Menschen ihre Bedürfnisse erfüllen können, werden sie zur nächsten Entwicklungsstufe vorangehen. Dieses Vorangehen führt zur Annahme einer erweiterten Weltsicht.

Wenn die Menschen einer bestimmten Gemeinschaft (einer ethnischen Gruppe) zufrieden damit sind, auf der kollektiven Entwicklungsstufe (Weltsicht) zu agieren, auf der sie sich befinden, dann sollte die Regierung keinen Druck ausüben, dass sie ihre Lebensweise verändern. Ganz im Gegenteil, die Regierungen sollten Wege finden, um sie zu unterstützen.

Deshalb ist es wichtig, die Werte aller Gruppen und Gemeinschaften regelmäßig zu erfassen (Ethnie, Alter, Geschlecht, Religion), um die wichtigsten Bedürfnisse der Gruppe oder Gemeinschaft zu kennen. Wenn Regierungen ihren Gemeinschaften nicht ermöglichen, ihre Bedürfnisse zu erfüllen, oder wenn bestimmte Gruppen wirtschaftlich zurückbleiben, dann werden diese Menschen Not und Leid erfahren. Das wird wiederum zu einer Verringerung des sozialen Zusammenhalts und einer Zunahme der Kulturellen Entropie führen.

Dieser erste Punkt – die Menschen darin zu unterstützen, dass sie so leben können, wie sie es möchten – zeigt sich deutlich an den Schwierigkeiten der Menschen, die als indigene Völker bezeichnet werden. Jahrzehntelang haben die Regierungen der USA, von Kanada, Australien und zu einem gewissen Grad Neuseeland versucht, ihre indigenen Völker davon zu überzeugen, eine Weltsicht anzunehmen, die ihnen fremd war. Sie lebten im Clan-Bewusstsein oder Stammes-Bewusstsein, aber die Regierungen zwangen sie dazu, im Nationen-Bewusstsein oder Welt-Bewusstsein zu leben. Die Wirkung auf die Menschen dieser Gemeinschaften war verheerend: ihre mentale und körperliche Gesundheit verschlechterte sich zunehmend.

In einer Gemeinschaft der Aborigines in North Queensland, die als Napranam bekannt ist, wurde diese Situation umgekehrt. Ein Werte-Assessment der Gemeinschaft im Jahre 2011 zeigte einen Wert für Kulturelle Entropie von 33%. Im Juni 2013 ergab ein wiederholtes Assessment einen Wert für Kulturelle Entropie von nur 9%. Der Zusammenhalt hatte sich in nur zwei Jahren um 24 Prozentpunkte erhöht. Die Einsatzbereitschaft in der Gemeinschaft war 2011 der wichtigste Wert der Gewünschten Kultur und 2013 war es der wichtigste Wert der Aktuellen Kultur. Die Menschen in Napranam in die Lage zu versetzen, Verantwortung und Verantwortung für ihre Zukunft zu übernehmen und die Mittel zu finden, um sie bei der Erfüllung ihrer Bedürfnisse zu unterstützen, hat diese Gemeinschaft vollkommen verändert. Seit 2011 wurde die Infrastruktur der Gemeinschaft um 40% verbessert, die

Beschäftigung stieg um 60% und die häusliche Gewalt sank um 80%. Das ist ein Beispiel dafür, dass indigene Führer mit Unternehmens- und Regierungsinteressen zusammenkamen, um Fähigkeiten und Wissen auszutauschen und so einen echten Wandel zu bewirken.[44]

Der zweite Punkt – wenn Gruppen durch eine Zunahme der Ungerechtigkeit wirtschaftlich zurückbleiben – zeigt sich klar in den sozio-politischen Trends in Großbritannien und den USA. In Großbritannien haben in den letzten Jahren verschiedene aufeinanderfolgende Regierungen die Bedürfnisse von mehr als der Hälfte der Bürgerinnen und Bürger ignoriert und konnten sie dadurch auch nicht erfüllen. Das war der Grund für die Ergebnisse der Brexit-Abstimmung 2016 und den Untergang der konservativen Partei bei den Parlamentswahlen 2017. Diese Ereignisse wären nicht eingetreten, wenn die Regierung auf die Bedürfnisse *aller* Bürger geachtet hätte – nicht nur auf die Eliten, die erfolgreich aus dem Welt-Bewusstsein leben, sondern auch auf die weniger gebildeten und älteren Menschen, die aus dem Nationen-Bewusstsein agieren.

Im Nationalen Werte-Assessment für Großbritannien[45], das 2012 vom Barrett Values Centre finanziert und durchgeführt wurde, waren die größten Werte-Prioritäten (die größten Wertesprünge) Ehrlichkeit, Fürsorge für Benachteiligte, bezahlbarer Wohnraum, Beschäftigungsmöglichkeiten, Ergebnisverantwortung, Fürsorge für Ältere und Zuverlässiger öffentlicher Dienst. Seitdem haben die Regierungen diesen Bedürfnissen kaum Aufmerksamkeit geschenkt. In der Tat haben sie genau das Gegenteil getan: Jahr für Jahr kürzen sie die Budgets für Soziales und öffentliche Dienste.

Die gleiche Dynamik ereignete sich 2016 in den USA. Die unterprivilegierte Mehrheit sympathisierte mit Donald Trump, weil er ihre Sprache sprach – die Sprache des Nationen-Bewusstseins. Hilary Clinton andererseits verwendete die Sprache des Welt-Bewusstseins. Die hohen Werte für Kulturelle Entropie, die wir 2009 und 2011 in den USA gemessen haben, waren Zeichen dafür, dass im Land etwas nicht stimmte. Wie in Großbritannien nahmen wir an, dass der Grund der Mangel an sozialem Zusammenhalt war, der durch die Probleme der Ungerechtigkeit verursacht wurde.

---

44 Banksia Sustainability Awards: http://bit.ly/2rF6FCA; Fallstudie Napranum Aboriginalk Shire: http://bit.ly/2sNrUDy

45 UK National Values Assessment: http://bit.ly/2sEapp6

Die wichtigste Lektion aus diesen Erfahrungen besteht darin, dass wir unsere Aufmerksamkeit auf die Bedürfnisse aller Gruppen und Gemeinschaften richten müssen, aus denen eine Nation besteht, nicht nur auf die Bedürfnisse der Eliten. Die Bedürfnisse aller müssen in Betracht gezogen werden, einschließlich der Menschen mit unterschiedlichem ethnischen Hintergrund, religiösen Glaubensrichtungen und sozioökonomischen Gruppierungen. In Nationen mit einer homogenen Bevölkerung ist dies viel leichter, wie in den skandinavischen Ländern, als in Nationen, die ethnisch unterschiedlich sind.

Aber die langfristigen Untersuchungen (Längsschnittbeobachtungen), die wir in Schweden durchgeführt haben, zeigen, dass der Versuch, Menschen mit verschiedenen ethnischen Ursprüngen (Weltsichten) in eine homogene Kultur zu integrieren, das Risiko birgt, den inneren Zusammenhalt eines Landes zu gefährden.

Damit möchte ich nicht dafür argumentieren, dass Länder im Nationen-Bewusstsein oder Welt-Bewusstsein keinen sicheren Hafen für Menschen mit unterschiedlichen ethnischen Hintergründen – Menschen mit anderen Weltsichten – bieten sollten. Ich möchte nur darauf hinweisen, dass dies mit einem gründlichen Verständnis für Unterschiede zwischen den Weltsichten der Immigranten und den Weltsichten, die im Gastland existieren, erfolgen sollte. Es kann mehrere Generationen dauern, bis die Familien der Immigranten die Weltsicht des Gastlandes annehmen.

Die Integration von Menschen mit anderer ethnischer Herkunft in Nationen, die aus der Weltsicht des Nationen-Bewusstseins agieren, wird immer schwierig sein, weil in dieser Weltsicht Menschen, die anders aussehen, eine fremde Sprache sprechen oder einem anderen Glauben angehören, diskriminiert werden. Aus einem ähnlichen Grund ist es vollkommen vergebens, wenn man versucht, Flüchtlinge in Nationen zu integrieren, die aus dem Staats-Bewusstsein agieren. Hier werden Zuwanderer eine starke Diskriminierung erfahren. Die offenste Umgebung für Flüchtlinge werden immer Nationen sein, die aus dem Menschen-Bewusstsein agieren. Warum? Weil diese Weltsicht umfassender ist und Vielfalt mehr akzeptiert als alle anderen Weltsichten.

Nachwort

HIER EINE KURZE Zusammenfassung der wichtigsten Punkte des Buches. Was auch immer Sie brauchen, ist was Sie schätzen. Und für Sie hat das einen Wert, was die Bedürfnisse auf der psychologischen Entwicklungsstufe erfüllt, auf der Sie sich befinden. Und ebenso hat für Sie einen Wert, was die unerfüllten Bedürfnisse aus den psychologischen Entwicklungsstufen, die Sie bereits durchlaufen haben, stillt, die Sie aber noch nicht gemeistert haben. Während Sie Fortschritte bei der Bewältigung der Bedürfnisse jeder psychologischen Entwicklungsstufe machen, werden Sie weniger auf sich selbst und mehr auf andere fokussiert.

Wenn wir die psychologische Entwicklungsstufe der Individuation erreicht haben, dann nutzen wir nicht mehr unsere Überzeugungen, um Entscheidungen zu treffen, sondern wir orientieren uns an unseren Werten. Wenn wir die höheren psychologischen Entwicklungsstufen erreichen, erkennen wir, dass wir auf der tiefsten Ebene unseres Wesens alle die gleichen Werte teilen.

Um erfolgreich ein Unternehmen oder jede Art von Organisation zu führen, müssen wir unsere Mitarbeiter darin unterstützen, ihre Bedürfnisse auf der Stufe zu erfüllen, auf der sie sich befinden. Wir müssen ihnen auch helfen, ihre nicht erfüllten Bedürfnisse aus vorhergehenden Entwicklungsstufen zu befriedigen. Das bedeutet, die Mitarbeiter in ihrer persönlichen Transformation zu unterstützen.

Diese persönliche Transformation ist besonders wichtig für Vorgesetzte, Manager und Führungskräfte, denn wer sie sind und wie sie bei der Arbeit auftreten, definiert die Kultur einer Organisation. Organisationen verändern sich nicht, das können nur Menschen. Wenn Sie die Kultur Ihrer Organisation verändern wollen, müssen Sie entweder die Führungskräfte verändern oder Ihre Führungskräfte müssen sich ändern. Um das zu erreichen, ist es von entscheidender Bedeutung, dass Sie die Kultur der Organisation regelmäßig erfassen.

Jeder Mensch entwickelt sich in Stufen (der psychologischen Entwicklung), agiert auf Bewusstseinsebenen und lebt innerhalb einer Weltsicht, die die kollektive Entwicklungsstufe widerspiegelt, die die Gemeinschaft oder Nation, in der sie hineingeboren wurden (und in der sie leben), erreicht hat.

Die Evolution der Weltsichten von Gemeinschaften und Nationen spiegelt die Evolution der individuellen psychologischen Entwicklungsstufen wider. Mit anderen Worten, der Aspekt der Werte auf jeder kollektiven psychologischen Entwicklungsstufe ist eine direkte Reflexion des Werteaspekts jeder individuellen psychologischen Entwicklungsstufe.

Die Evolution des menschlichen Bewusstseins hängt davon ab, dass die Führenden jeder Gemeinschaft und Nation ihre Bürgerinnen und Bürger darin unterstützen, die Bedürfnisse auf der psychologischen Entwicklungsstufe, die sie erreicht haben, zu erfüllen – nicht nur die Eliten, sondern alle, einschließlich der Benachteiligten, Minderheiten und Armen.

Regelmäßiges Erfassen der Kultur, wie sie von verschiedenen Gruppen oder Gemeinschaften innerhalb einer Nation – Geschlecht, Alter, ethnische Zugehörigkeit usw. – wahrgenommen wird, ist nicht nur wichtig, um den inneren Zusammenhalt einer Nation aufrechtzuerhalten. Es ist auch bedeutsam, weil wir uns dadurch der Evolution des menschlichen Bewusstseins bewusstwerden.

Anhang 1

Wie sich Hitlers Persönlichkeit entwickelte

IM RAHMEN DER US-amerikanischen Kriegsführung führte Dr. Henry A. Murray[46] im Oktober 1943 eine psychoanalytische Untersuchung von Adolf Hitler durch. Murrays Analyse, auf die ich mich im Folgenden beziehe, kann auf der Webseite der Law Library der Cornell University nachgelesen werden. Dieser gesamte Text, der mehr als 150 Seiten umfasst, enthält weitaus mehr Einzelheiten.

Hitler wurde 1889 in Österreich geboren. Er war das vierte von sechs Kindern. Sein Vater, ein uneheliches Kind, war ein Tyrann. Er sah Adolf als Schwächling und Nichtsnutz und schlug ihn häufig zur Bestrafung. Deshalb hatte Adolf Angst vor seinem Vater. In seiner Gegenwart war er schüchtern und untergeben, aber ansonsten oft widerspenstig und trotzig. In seinem Buch *Mein Kampf*[47] schreibt Hitler abwertend und mit Verachtung über ältere Männer, was seine Gefühle für seinen Vater widerspiegelt. Seine Mutter gehorchte seinem Vater, aber sie war auch Adolf sehr zugewandt und versuchte all seine Wünsche zu erfüllen. Hitler liebte seine Mutter und hasste seinen Vater.

Hitler war ein schwächliches Kind und er hatte eine niedrige Toleranzschwelle für Frustration. Sein Vater war ungewöhnlich streng und seine Mutter außergewöhnlich nachsichtig. Als Folge dessen entwickelte er keinen stabilen und beständigen Charakter. Der schwankte zwischen Untergebenheit und Ungehorsam. Er widerstand den Wünschen seines Vaters durch Passivität oder Krankheit. Auf diese Weise lernte er, wie er Menschen nach seinem Willen manipulieren konnte.

Hitler wurde von seinem Vater ständig begrenzt. Er wollte ein klassisches Gymnasium besuchen und Künstler werden. Sein Vater wollte, dass er in seine Fußstapfen tritt und wie er selbst Zollbeamter wird. Er schickte Hitler auf eine Schule mit technischer Ausrichtung. Hitler rebellierte gegen diese Entscheidung und scheiterte in seinem ers-

46 Dr. Henry Murray war der Leiter der Harvard Psychological Clinic während des Zweiten Weltkriegs und diente auch im Office of Strategic Services (OSS), dem Vorgänger der Central Intelligence Agency (CIA).

47 In seinem Buch Mein Kampf verbindet Adolf Hitler Aspekte seiner Autobiografie mit Ausführungen über seine politische Ideologie. Der erste Band wurde 1925 veröffentlicht, der zweite Band ein Jahr später.

ten Jahr. Er hatte die Hoffnung, dass sobald sein Vater sah, wie wenig Fortschritte er machte, er ihn seinem Traum folgen lassen würde. Darin hatte er sich getäuscht. Sein Vater war unerbittlich darin, die Zukunft seines Sohnes zu bestimmen, was Hitler noch verbitterter und rebellischer werden ließ. Nachdem sein Vater gestorben war, wurde Hitlers Verhalten so schlecht, dass man ihn bat, die Fachoberschule ohne Abschluss zu verlassen.

Nun folgte er seinem Traum, Künstler zu werden, wobei er aber einen Dämpfer erhielt, als er von der Allgemeinen Malerschule der Wiener Kunstakademie abgelehnt wurde. Man empfahl ihm, Architektur zu studieren, aber seine schlechten Schulleistungen machten das unmöglich. Er hatte nicht den nötigen Schulabschluss, um Architektur zu studieren. Er versuchte, seine Gemälde (Kopien von Postkarten) an Kaufleute und Touristen zu verkaufen. Schließlich ging ihm das Geld aus und er lebte eine Zeitlang in einem Obdachlosenheim in Wien. Diese Erfahrungen müssen für ihn sehr frustrierend gewesen sein und bestätigen in gewisser Weise die Enttäuschung seines Vaters über seinen Sohn.

Der deutsche Nationalismus wurde für Hitler zur Obsession. Es war eine Möglichkeit, gegen seinen Vater zu rebellieren, der stolz der österreichischen Regierung gedient hatte. Hitlers Aussagen, dass er von seinen Untergebenen völlige Opferbereitschaft forderte, erinnern an die Haltung seines Vaters gegenüber seiner Frau und seinen Kindern. Je mehr er seinen Vater nachahmte, desto geringer wurden der Respekt und die Wertschätzung für seine Mutter. Seine starke Bindung zu ihr war für ihn ein demütigendes Zeichen seiner Unfähigkeit, selbst für sich zu sorgen. Dadurch war er gezwungen, die Beziehung zu seiner Mutter kleinzureden und Frauen herablassend zu behandeln.

Hitlers fanatische Gefühle gegen Mischehen, unreines Blut, die Unterschicht und die jüdische Rasse waren eine Ablehnung seiner Vergangenheit. Seine Vorfahren kamen aus einer Region, in der sich seit Generationen das Blut vieler verschiedener Nationalitäten gemischt hatte. Sein Vater war ein uneheliches Kind und sein Großvater war möglicherweise ein Wiener Jude. Sein Patenonkel war ein Wiener Jude. Sein Vater zeugte mindestens ein uneheliches Kind. Hitlers ältere Halbschwester führte ein Restaurant für jüdische Studenten und seine jüngere Schwester war für einige Zeit die Geliebte eines Juden.

Die meisten Verwandten Hitlers waren entweder schwachsinnig, unwissend, ungebildet oder geistig behindert. Die Person, die er vorgab zu sein, war das genaue Gegenteil von alldem. Das deutet darauf hin, dass er seine Gefühle der Minderwertigkeit und der Selbstverachtung kompensieren wollte. Dreißig Jahre lang vermied es Hitler, sein Zuhause zu besuchen oder mit seinen Verwandten zu kommunizieren. Obwohl er in Österreich geboren war, identifizierte er sich mit Deutschland und verherrlichte die deutsche Geschichte.

Die deutsche Kultur

Hitler kam 1933 an die Macht und festigte seine Position als Diktator, indem er die Flamme des Nationalismus unter den Deutschen entfachte. Das allgemeine Gefühl im damaligen Deutschland war zu dieser Zeit von großer Verzweiflung geprägt. Es gab bürgerliche Unruhen, die marxistischen Gruppen zugeschrieben wurden, und die Große Depression führte zu zunehmender Inflation. Zudem musste Deutschland als Folge des Ersten Weltkrieges und des Versailler Vertrags[48] Reparationen an andere europäische Länder zahlen, was zu einem Gefühl nationaler Schande, Beschämung und Feindseligkeit führte.

Als Vorsitzender der NSDAP versprach Hitler eine starke autoritäre Regierung, bürgerlichen Frieden, radikale Verbesserungen in der Wirtschaft und, was am wichtigsten war, die Wiederherstellung des Nationalstolzes. Im Namen der Einheit und Solidarität verfolgte die NSDAP eine ethnische und ideologische Säuberung, die auch durch die aktive Unterdrückung von Juden und Marxisten umgesetzt wurde. Gleichzeitig mit dieser nationalen Erneuerung versprach die Partei eine Wiederbewaffnung, das Ende der Reparationszahlungen und das Wiedererlangen der Gebiete, die durch den Versailler Vertrag verlorengingen.

Was Hitler für die Deutschen so anziehend machte, war die starke und konsequente Kontrolle, die er in einer Zeit der wirtschaftlichen und politischen Unruhen in das Land brachte. Seine Konzentration darauf, den Stolz auf das „Vaterland" wiederherzustellen, stärkte den Selbstwert der Deutschen. Sie wollten respektiert werden, wieder aufrecht

48 Der Versailler Vertrag war einer der Friedensverträge, die nach dem Ende des Ersten Weltkriegs unterzeichnet wurden. Dieser Vertrag forderte von Deutschland, die Verantwortung für den Ausbruch des Krieges zu übernehmen, sich zu entwaffnen, große Gebiete an Nachbarländer abzutreten und an bestimmte Länder hohe Reparationen zu zahlen.

leben können und die Schande und Scham der Vergangenheit hinter sich lassen. Das Ego der Nation brauchte Heilung, und Hitler wurde als der Mann gesehen, der den Nationalstolz wiederherstellen konnte.

Leider brauchte Hitler selbst weitaus mehr Heilung als die Nation. Die deutsche Nation wurde zum Instrument, durch das er sein zerschmettertes Ego wiederaufbauen konnte. Wie immer bei Mängeln des Egos – nicht genug zu haben, sich nicht geliebt genug zu fühlen und nicht zu genügen –, ist genug nie genug. Sobald die Ängste des Egos ins Unterbewusste eingeprägt sind, bleiben sie immer aktuell, wirken im Hintergrund und warten ständig darauf, genährt zu werden. So starke Ängste, wie Hitler sie hatte, können nur durch intensive psychologische Arbeit befreit werden. Basierend auf dem Gesagten können wir annehmen, dass Hitlers Weltsicht stark von seinem persönlichen Glaubenssystem beeinflusst wurde. Die Weltsicht, in der er lebte, führte zum Tod von mehr als 60 Millionen Menschen, was zu dieser Zeit drei Prozent der Weltbevölkerung ausmachte.

Anhang 2

Wie sich Gandhis Persönlichkeit entwickelte

IM GEGENSATZ ZU HITLER, DESSEN Weltsicht stark durch sein persönliches Glaubenssystem beeinflusst war, möchte ich die Weltsicht Mahatma Gandhis näher betrachten, die sehr stark von seinem kosmologischen Glaubenssystem beeinflusst war. Leider liegt mir keine Analyse von Gandhis Persönlichkeit vor, wie ich sie durch Murrays Untersuchung bei Adolf Hitlers zur Verfügung hatte, deshalb stütze ich mich auf Gandhis Autobiografie[49]. Daraus habe ich die Faktoren abgeleitet, die meiner Ansicht nach seine Entwicklung in der Kindheit und die Entwicklung seiner aufeinanderfolgenden Weltsichten beeinflusst haben.

Gandhi, der als Anführer der indischen Unabhängigkeitsbewegung gilt, wurde in Porbandar in der Region Bombay geboren. Sein Vater war ein hoher Beamter in der Staatsregierung und mehrere seiner nahen Verwandten hatten hochrangige Positionen in den verschiedenen indischen Bundesstaaten. Sein Vater war ehrlich, mutig und großzügig, und obwohl er leicht reizbar war, hob er nie die Hand, um eines seiner Kinder mit Schlägen zu bestrafen. Er galt als unbestechlich und verdiente sich den Respekt anderer mit seiner strikten Unparteilichkeit innerhalb seiner Familie und darüber hinaus. Gandhi beschrieb seine Mutter als fromm. Sie war tief religiös, gut informiert in vielen Bereichen und hatte einen ausgeprägten gesunden Menschenverstand. Anders als Hitler wurde Gandhi von seinen Eltern geliebt und gut behandelt. Deshalb gehorchte er ihnen und brachte ihnen Respekt entgegen, bereitwilligt akzeptierte er ihren Wunsch, Rechtsanwalt zu werden.

Beim Jurastudium in England erwachte sein Interesse am religiösen Denken. Dabei ging es für ihn nicht darum, einer bestimmten Religion zu folgen; es ging um Selbstverwirklichung, Selbsterkenntnis und persönliches Wachstum. Er hatte eine weit entwickelte Fähigkeit der Selbstbeobachtung[50], die er nutzte, um die Motive für alles, was er tat,

---

49 M.K. Gandhi, Gandhi: eine Autobiographie oder The Story of My Experiments with Truth (Penguin Books: London), 2008 (erstmals 1927 und 1929 in zwei Bänden veröffentlich).

50 Selbstbeobachtung ist ein Begriff, den ich in *The New Leadership Paradigm* nutze, um die Fähigkeit eines Individuums zu beschreiben, von seinen Erfahrungen zurückzutreten und seine Gedanken, Gefühle und Emotionen zu beobachten.

zu analysieren. Für ihn war jedes Projekt in seinem Leben ein Experiment in der Wahrheit.

Durch diesen Hintergrund der Integrität seines Vater und der Frömmigkeit seiner Mutter ist es keine Überraschung, dass diese frühen Einflüsse Gandhis dazu führten, Mitgefühl mit allen Wesen zu entwickeln, was sich in seiner vegetarischen Ernährung, seinem Fasten zur Selbstläuterung und seinem Einsatz für wechselseitige Toleranz zwischen Menschen aller Glaubensrichtungen zeigte. Schon früh identifizierte er sich mit den Werten der Liebe und Wahrheit. Sogar als kleines Kind konnte er nicht lügen. Sein Bedürfnis, nach dem Prinzip der Wahrheit zu leben, war so stark, dass er immer, wenn er nicht den höchst möglichen Verhaltensstandards entsprach, sehr selbstkritisch war. Es fiel ihm schwer, sich selbst zu vergeben, aber es war leicht für ihn, anderen zu vergeben.

Was an Gandhis Kindheit erwähnenswert ist, dass all seine Defizitbedürfnisse erfüllt wurden. Er fühlte sich sicher und geborgen, er wurde von seinen Eltern geliebt und von den Menschen um ihn herum respektiert. Anders als Hitler, der sein Leben lang versuchte, die Liebe und Anerkennung zu bekommen, die er als Kind nicht erhielt, war Gandhi mit dem Erwachsenenalter bereit für Individuation und Selbstverwirklichung. Das bedeutet nicht, dass Gandhi perfekt war, in seinen eigenen Augen war er es nie. Aber er hatte eine voll entwickelte Fähigkeit für kontinuierliches Lernen, sowohl über sich selbst als auch über die Welt um ihn herum – ein unverkennbares Zeichen für einen Wahrheitssucher.

Am Ende seiner Biografie sagt Gandhi:

„Der Weg der Selbstläuterung ist schwer und steil. Um vollkommene Reinheit zu erreichen, muss man leidenschaftsfrei werden, in Denken, Sprechen und Handeln . Wir müssen über die gegensätzlichen Strömungen von Liebe und Hass, Bindung und Ablehnung hinausgehen. Diese Meisterung der subtilen Leidenschaften scheint mir weitaus schwerer als die physische Eroberung der Welt durch Waffengewalt. Ich habe die in mir schlummernden Leidenschaften erfahren. Dieses Wissen hat mich demütig gemacht aber nicht besiegt. Die Erfahrungen und Experimente [der Wahrheit] haben mich genährt und in mir tiefe Freude wachsen lassen. Aber ich weiß, dass noch ein schwieriger Weg vor mir liegt. Ich muss mich auf Null reduzieren. Solange ein Mensch sich nicht als das Geringste unter seinen Mitlebewesen

sieht, hat er keine Befreiung erfahren. Ahimsa (Nicht-Verletzen/Gewaltlosigkeit) ist die äußerste Grenze der Demut.)

Die indische Kultur

Für das indische Volk war das Besondere an Gandhi, dass er einer der wenigen indischen Anführer war, die erfolgreich Zugeständnisse von dem regierenden Briten Raj, erhalten konnte. In der indischen Unabhängigkeitsbewegung wurde er als Retter verehrt. Die Waffen in seinem Kampf waren Nicht-Kooperation, Gewaltlosigkeit und friedlicher Widerstand. Später erweiterte er die Gewaltlosigkeit um den Boykott aller ausländischen Güter, insbesondere britischer Waren.

Die Nicht-Kooperation verbreitete sich weit und war sehr erfolgreich, was die Begeisterung und die Teilnahme aus allen Schichten der indischen Gesellschaft verstärkte. Gandhis Gabe lag darin, die Inder zu vereinen – die Mitglieder aller Kasten und Religionen. Sobald jedoch die Unabhängigkeit in Sicht war, verschwand diese Einheit schnell wieder und die Teilung und Hierarchie, die ein integraler Teil der indischen Kultur sind, waren bald wiederhergestellt.[51]

Obwohl er bei den Menschen sehr beliebt war, zog ihn die Politik nicht besonders an. Er kämpfte für die indische Bevölkerung, nicht für sich selbst. Nur widerwillig ging er in den Wahlkampf und wurde von den führenden indischen Politikern um Hilfe angerufen. Er zog es aber vor, in seinem Ashram zu leben.

51 Hierbei ist es interessant zu bemerken, dass der soziale Zusammenhalt leichter erreichbar ist, wenn die Menschen einer Nation eine gemeinsame äußere Bedrohung erfahren. Dieser Mechanismus ermöglichte es Winston Churchill im Zweiten Weltkrieg, die Kriegsanstrengungen Großbritanniens gegen Deutschland aufzubringen. Sobald der Krieg vorbei war, wurde Churchill abgewählt.

Verzeichnis der Abbildungen

Verzeichnis der Tabellen

Bücher von Richard Barrett

Bereits auf Deutsch erschiene Bücher von Richard Barrett

Werteorientierte Unternehmensführung
(Cultural Transformation Tools für Performance und Profit).
SpringerGabler Berlin Heidelberg 2016
Übersetzung der englsichen Ausgabe: The Values-Driven Organisation:
Unleashing Human Potential for Performance and Profit (2013)

Weitere Bücher von Richard Barrett

The Evolutionary Human (2019)

Everything I Have Learned About Values (2018)

The Values-driven Organization: Cultural Health and Employee Well-being
as a Pathway to Sustainable Performance (2017)

A New Psychology of Human Well-Being: An Exploration of the influence of
Ego-Soul Dynamics on Mental and Physical Health (2016)

The Metrics of Human Consciousness (2015)

Evolutionary Coaching: A Values-based Approach
to Unleashing Human Potential (2014)

The Values-Driven Organisation:
Unleashing Human Potential for Performance and Profit (2013)

What My Soul Told Me:
A Practical Guide to Soul Activation (2012)

Love, Fear and the Destiny of Nations: The Influence of the Evolution of
Human Consciousness on World Affairs (2011)

The New Leadership Paradigm (2010)

Building a Values-Driven Organization:
A Whole System Approach to Cultural Transformation (2006)

Liberating the Corporate Soul: Building a Visionary Organization (1998)

A Guide to Liberating Your Soul (1995)

Befürwortungen

Dieses dünne Büchlein ist ein seltenes Geschenk: eine destillierte Zusammenstellung der tiefsten Erkenntnisse, die der immer brillante Richard Barrett in jahrzehntelanger bahnbrechender Arbeit gesammelt hat. Wenn jedes Individuum und jede Organisation den Rahmen von Richard nutzen würde, um ihr Handeln zu leiten, wäre unsere Welt ein gesegneter Ort.

Raj Sisodia, *FW Olin Distinguished Professor of Global Business, Babson College*

Mitbegründer & Chairman Emeritus, Conscious Capitalism Inc., USA

Das beste Buch, das ich zum Thema kenne. „Alles was ich über Werte gelernt habe" beschreibt auf außergewöhnlich prägnante und verständliche Weise, was Werte sind, welche zentrale Rolle sie für die Kultur eines Unternehmens einnehmen, und wie die Arbeit mit ihnen für nachhaltige Transformationsarbeit praktisch gestaltet werden kann. Besonders mag ich die Verortung des eigenen Konzepts – den sieben Leveln der Bewusstseinsentwicklung – in andere Entwicklungskonzepte, beispielsweise die Entwicklungsebenen von Spiral Dynamics. Das Buch ist eine herausragende Quelle für ein tieferes Verständnis der Arbeit mit Werten in unserer heutigen Welt. Ich empfehle die Lektüre jeder Führungskraft, die sich ernsthaft für eine werteorientierte Führung oder Unternehmensentwicklung interessiert.

Clemens Drilling, *Geschäftsführender Gesellschafter der newTrust GmbH und Vorsitzender des Präsidialrats der Gesellschaft für Projektmanagement, Deutschland*

Ein unschätzbarer Referenzpunkt für jeden, der ein tieferes Verständnis der menschlichen Werte und der Bewusstseinsentwicklung sucht! Vollgepackt mit dem kompaktesten Wissen und der kompaktesten Weisheit, ist dieses Buch einfach und doch elegant, zugänglich und tiefgründig, mit einem riesigen Umfang und dennoch robust in der Anwendung und spiegelt die Balance des Autors zwischen menschlichem Geist und technischer Präzision wider.

Niran Jiang, *Mitbegründer und Direktor des Institute of Human Excellence, Australien.*

Richard Barrett zeigt einen klaren Weg auf, wie man Werte nutzen kann, um sich, seine Organisationen und seine Gesellschaft zu verändern. Ich habe Richards Forschung seit mehr als 10 Jahren in meiner Arbeit verwendet und dieses Buch ist eine unverzichtbare Lektüre für Transformationsmanager und Führungskräfte.

Stephane Leblanc, *CEO, International Centre for Conscious Leadership, Kanada.*

Wenn es um Werte geht, dann geht es um Richard Barrett. Keiner versteht es wie er, Werten auf den Grund zu gehen und aus Werten den Ursprung unseres Verhaltens, unseres Antriebs und unserer Ziele abzuleiten.

Andreas Gnesda, *teamgnesda, Österreich*

In diesem neuen Buch verdichtet Richard auf wenigen Seiten alles, was er über Werte aus drei verschiedenen Perspektiven gelernt hat: persönlich, organisatorisch und gesellschaftlich. Jedem, der zum Thema des menschlichen Bewusstseins am Anfang steht, empfehle dieses Buch von ganzem Herzen.

Roberto Ziemer, *Partner/Gründer von Integral Leadership, Brasilien.*

Richard Barrett teilt in diesem Buch seine ganz persönlichen Erfahrungen mit der Auseinandersetzung und der Arbeit mit Werten. Seine Inspirationen faszinieren mich und erzeugen in mir tiefe Resonanz. Besonders helfen mir seine Beispiele und Einordnungen der Werte in größere Bedeutungszusammenhänge. Mir wurde deutlich, wie unser gesamtes Leben und DaSein von Werten – bewusst und unbewusst – geprägt, unser Verhalten und unsere Entscheidungen geformt werden.
Mir gibt die Lektüre dieses Buches Kraft und macht mir Mut, in Organisationen, in Teams und auch in der ganz persönlichen Begegnung mit Menschen über Werte zu sprechen und uns damit achtsamer zu machen. Bewusst gemachte Werte können kultiviert und weiterentwickelt werden. Vor allem lassen sich Werte durch das Bewusstsein von potenziell limitierenden Anteilen immer weiter befreien.

Jürgen Schmidt-Hillebrand, *Senior Coach & Senior Consultant, LindConsult GmbH, Deutschland*

Ich glaube wirklich an Richards Werk. Sein Wissen über die persönliche, organisatorische und gesellschaftliche Transformation fasziniert und inspiriert mich seit fast zwei Jahrzehnten. Richard hat mit seinem Modell einen Bewusstseins-Indikator für Nationen entwickelt, der nach meiner Erfahrung die Transformation unserer globalen Gesellschaft ermöglichen wird. *Alles was ich über Werte gelernt habe,* ist eine aufschlussreiche und leicht verständliche Einführung in Richards Lebenswerk und ein wichtiger Beitrag zum Aufbau einer besseren Welt.

Annalise Jennings, *Director – Dynamic Exchange, Australien*

Ich empfehle dieses profunde Buch jedem, der an der Entwicklung von individueller, organisatorischer und gesellschaftlicher Bewusstseinsentwicklung und Transformation interessiert ist. Es ist tiefgründig, praktisch, fokussiert und voller Weisheit.

Stefan Bauer, *Transformation and Capabilities Leader Germany, Austria, and Switzerland, Eli Lilly and Company, Deutschland*

Alles was ich über Werte gelernt habe, ist Pflichtlektüre für jeden, der derzeit in einer Führungsrolle ist oder danach strebt, diese zu übernehmen und daran interessiert ist, seine Wertekompetenz zu erhöhen. Richards umfassender Überblick zeigt, wie Werte alles, was wir tun, untermauern und wie das Verständnis der Sieben Ebenen des Bewusstseinsmodells der Schlüssel zur Transformation von Individuen und Organisationen auf globaler Ebene ist.

Kathleen Seeley, *Gründerin/Präsidentin, Massively Human Leadership™, Kanada*

Aktuell wie nie, ist es ein Geschenk Richard Barretts Buch nun auch in Deutsch vorliegen zu haben. In seiner so emphatischen, inspirierenden und klaren Art umspannt Barrett in diesem Buch die Schlüsselfunktion von Werten für jeden Einzelnen, Organisationen und Gesellschaften. Wie könnte sich das Miteinander und diese Welt verändern, wenn sich wirklich jeder der Bedeutung von Werten bewusst wäre und dieses Wissen in seinem Handeln leben würde - beginnen wir damit! Danke Richard Barrett für dieses komprimierte und profunde Buch, das es dem Leser leicht macht, Werte neu zu beleuchten und in das eigene Schaffen und Leben bewusst einzubeziehen.

Manuela Feyder, *Gründerin & Geschäftsführende Gesellschafterin, netzwerk medien-trainer, Deutschland*

Richard Barrett trifft den Nagel direkt auf den Kopf. Er bringt sein immenses Wertewissen auf prägnante und verständliche Weise zum Ausdruck. Es ist unglaublich, was ich als Einzelne, als Unternehmerin und als Mitglied der Gesellschaft aus diesem Buch gelernt habe.

Dr. Andrea Maria Bokler, *changemanagement.biz, Deutschland*

Basierend auf zwanzig Jahren intensiver Auseinandersetzung mit Werten und Bewusstsein bringt Richard Barrett Leichtigkeit und Klarheit in das Thema ein und macht es für alle, Praktiker und Neueinsteiger, gleichermaßen verständlich. Ich mag es sehr, wie er seine eigenen Lebenserfahrungen in seine Schriften einfügt. Ich empfehle dieses Buch allen, die daran interessiert sind, ein grundlegendes Verständnis von Werten zu erlangen.

Pleuntje van Meer, *Synnova, Gründungspartner, Niederlande*

Die Gedanken von Richard Barrett zu einem werteorientierten Leben sind für mich immer wieder aufs Neue inspirierend.
Dieses Buch bietet eine wertvolle Einführung und Erinnerung für alle Menschen, die im Bewusstsein und Einklang mit ihren Werten leben wollen – persönlich, in Organisationen und in der Gesellschaft.

Heike Heeg, *Creative Consultant & Coach – c hochdrei, Deutschland*

Nachdem ich maßgeblich mit Richard Barrett ′7-Ebenen-des-Bewusstseins′ und deren Anwendungen gearbeitet habe, insbesondere um das Bewusstsein für wertebasiertes Leben und Führung zu schärfen. Dies ist eine wunderbare Kombination aus seinem tiefen Verständnis unserer menschlichen Bedürfnisse, Motivationen und unseres Bewusstseins. Es ist eine großartige Ressource, um das Verständnis und die Anwendung von Werten in unserer heutigen Welt zu vertiefen.

Mike Budden, *Managing Partner, Barry-Wehmiller Leadership Institute, Südafrika*

Ich empfehle Richard Barretts neuestes Buch, *Alles was ich über Werte gelernt habe*. Richard ist ein Freund, Kollege und wohl der weltweit führende Experte für Werte und Kulturwandel. In dieser schnellen und inspirierenden Lektüre bringt Richard sein Lebenswerk zusammen und bietet einen intensiven Exkurs in seinem „7-Ebenen-des-Bewusstseins-Model". Er zeigt, wie Werte als Werkzeug zum Verständnis der menschlichen Motivation dienen. Er zeigt auch, wie dieses Verständnis für individuelle, organisatorische und gesellschaftliche Veränderungen genutzt werden kann, um der Menschheit in einem positiven Sinne zu dienen.

Jack Canfield, Co-Autor, *The Success Principles: Wie man von hier aus kommt Wo Sie sind, wohin Sie wollen* Be™, USA

Von der ersten Seite an gefiel mir das ganze Konzept. Ein Buch zu schreiben, das eine Person in ein paar Stunden lesen könnte, um das aufzunehmen, wofür Richard das Lernen eines ganzen Lebens gebraucht hat. *Alles was ich über Werte gelernt habe,* bietet neue Einblicke und Möglichkeiten, sich auf Werte zu beziehen, die meiner Meinung nach die Bedeutung von Werten für Führungskräfte auf tiefgründige Weise verstärken werden.

Joanna Barclay, *CEO, Culture Leadership Group, Singapur*

Diskussionen rund um Werte erleben ja gerade im Zuge des digitalen Wandels unserer Gesellschaft Hochkonjunktur. Teilweise und leider wird dieser Begriff inflationär benutzt, was dem eigentlichen Ansinnen und der Bedeutung hinter diesem Begriff nicht gerade zuträglich ist. Also versprach ich mir von der Übersetzung des Buches „Everything I have learned about values" von Richard Barrett eine ganze Menge und wurde ganz und gar nicht enttäuscht.

Conny Dethloff, *Mensch im Agile Center der Otto Group, Deutschland*

Als begeisterter Verfechter des Erfolgs von werteorientierten Organisationen lieferte mir die Arbeit und Forschung von Richard Barrett die tiefgreifendste, aber auch praktischste überzeugende Erklärung zum Warum, Was und Wie von werteorientierten Unternehmen. Das 7-Stufen-Modell hat den Transformationsweg unserer Organisation enorm unterstützt. Die einfachen und sehr effektiven Werkzeuge haben uns bei der komplexen systemweiten Transformation von Kopf bis Herz geholfen. Dieses Buch zeigt, dass die Entwicklung von Werteorientierung eine tiefgreifende Reise auf individueller, organisatorischer und sogar auf gesellschaftlicher Ebene ist.

Wendy van Tol, *consulting leader PWC Netherlands and responsible for culture transformation in the Europe Advisory Leadership team; Niederlande*

Das missing link zwischen dem Tier und dem bewussten Menschen ist nicht unsere Intelligenz, sondern unsere Fähigkeit, Werte aufzustellen und ihnen in unseren Handlungen treu zu sein. Ich bin Richard Barrett sehr dankbar, dass er dem Ruf so radikal und gründlich gefolgt ist, ein starkes Basiswerk über die Quelle unserer Würde zu schreiben. Ich empfehle es allen Menschen, die ernsthaft an Selbstachtung und Reifung interessiert sind.

Veit Lindau, *Autor. Coach. Founder homodea. Deutschland*

Das kompakte Büchlein *Alles was ich über Werte gelernt habe* von Richard Barrett ist für mich ein kleines Meisterwerk. Mir hat es tiefere Einsichten darüber eröffnet, dass unsere Werte unsere Bedürfnisse zeigen und wie dies handlungsleitend sein kann. Dem einzelnen Leser ermöglicht es eine fruchtbare Selbstreflektion darüber, was es für ein erfülltes Leben jetzt gerade braucht. Unternehmensleitern und Organisationsentwicklern gibt es ein tiefes Verständnis wie eine gewünschte Unternehmenskultur sukzessive aufgebaut werden kann: die Bedürfnissen von Organisation und Belegschaft bilden die Ansatzpunkte für mögliche Entwicklungswege. Richard Barrett wendet seine Einsichten über Werte schließlich auch noch auf Nationen und Gesellschaften an und belegt dies mit historischen und aktuellen Entwicklungen. Was mir dabei besonders gut gefällt ist, dass Richard dabei nicht bewertet, sondern warmherzig und respektvoll auf jede Ausprägung blickt.

Birgit Mallow, *Organisationsentwicklerin und Agile Facilitator – Birgit Mallow Organisationsentwicklung und Prozessberatung, Deutschland*